Ullstein

ÜBER DAS BUCH:

Spätestens seit dem Atomfeuer in der Ukraine ist der Menschheit die Gefahr von Strahlen bewußter geworden. Doch nicht nur radioaktive Strahlen, auch Erdstrahlen können gefährlich sein. Sind sie die Ursache für Krebserkrankungen, Schlafstörungen und mysteriöse Autounfälle?
Bestsellerautor Willi H. Grün untersucht in seinem neuen, fesselnden Buch die Geheimnisse der Radiästhesie und greift damit ein ebenso umstrittenes wie faszinierendes Thema aus einem wissenschaftlichen Grenzbereich auf, dargestellt in einer Sprache, die jeder versteht, und mit Tips für Ihre Gesundheit.

»... greift der Autor eine Fülle von Fragen auf, gibt Antworten anhand einleuchtender Beispiele: Ein wissenschaftliches Grenzgebiet, verständlich und seriös dargestellt.« *Neue Revue*
»Der Autor hat in einer enormen Fleißarbeit die einschlägige und umfangreiche Erdstrahlen-Literatur gesichtet und das Für und Wider aufgelistet. Ohne billige Häme, wie sonst bei diesem Thema meist üblich, aber auch ohne missionarisches Eifern. Er hat eine Fülle von Fakten in flotter Schreibe aufbereitet. Die Meinungsbildung bleibt dem Leser überlassen.« *Deutsches Allgemeines Sonntagsblatt*
»Voll im Trend der derzeitigen Esoterik-Welle liegt Willi H. Grün mit seinem Sachbuch zum Thema Erdstrahlen ... ist jeder Aspekt des Themas berücksichtigt. Auswirkungen auf den menschlichen Organismus, auf Tiere und Pflanzen wurden untersucht, neue Meßmethoden vorgestellt. Eine informative, aber auch kritische Zusammenfassung all dessen, was zu Erdstrahlen zu sagen ist.«
Lüdenscheider Nachrichten

DER AUTOR:

Willi H. Grün, Diplom-Finanzwirt, ist Autor von insgesamt 11 Büchern. Er war jahrelang Steuerkolumnist bei der Illustrierten *Quick* und arbeitet als Aktienkolumnist für die *Rhein-Zeitung* und andere Publikationen.
Seine Bestseller bei Ullstein im Hardcover: *Mehr Geld verdienen mit Aktien* und *Aschenbraten* sowie die Taschenbücher *Das andere Börsenlexikon* (UB 35527), *Erben – aber richtig* (UB 35348), *Der Clan der Steuerhaie* (UB 35548), *Steuern sparen leicht gemacht* (UB 35637), *Steuerstrategien* (UB 35638). Auch der Roman *Aschenbraten* (UB 22935) liegt inzwischen als Taschenbuch vor.

Willi H. Grün

Erdstrahlen

Die rätselhaften Kräfte

Ullstein

Esoterik
Ullstein Buch Nr. 35629
im Verlag Ullstein GmbH,
Frankfurt/M – Berlin

3. aktualisierte Neuauflage
von UB 34359
Mit 31 Abbildungen

Umschlagentwurf:
Vera Bauer
Unter Verwendung einer
Abbildung von TCL/BAVARIA

Printed in Germany 1996
Gesamtherstellung:
Ebner Ulm
ISBN 3 548 35629 X

September 1996

Die Deutsche Bibliothek –
CIP-Einheitsaufnahme

Grün, Willi H.:
Erdstrahlen : die rätselhaften Kräfte /
Willi H. Grün. – Aktualisierte
Neuaufl. – Frankfurt/M ; Berlin :
Ullstein, 1996
(Ullstein-Buch ; Nr. 35629 :
Esoterik)
ISBN 3-548-35629-X
NE: GT

INHALT

DAS WISSENSCHAFTLICHE NIEMANDSLAND – EINLEITUNG

Sie gehen an einem Herbsttag spazieren. Unter einem Baum fällt Ihnen ein Apfel auf den Kopf. Während Sie sich den Schmerz wegmassieren, kommt der Gedanke an Ihre Schulzeit.

Warum ist mir der Apfel eigentlich auf den Kopf und nicht nach oben ins Weltall gefallen?

Ach ja, der »alte Newton«, der englische Sir, der 1687 das Gravitationsgesetz entwickelte!

Kriegen Sie es noch hin? Jeder Körper hat Anziehungskraft: die Erde, aber auch der Apfel. Diese Kraft wächst proportional mit der Masse, nimmt aber mit dem Quadrat des Abstandes ab. Die doppelte Masse bringt also die doppelte Kraft, die doppelte Entfernung aber nur noch ein Viertel der Gravitationskraft.

Da die Erde gegenüber dem Apfel eine riesengroße Masse hat, mußte der Apfel zwangsläufig nach unten fallen.

Aber nun wird es spannend: Kein Wissenschaftler hat je durch Meßgeräte die Gravitationswellen mit ihren sehr augenscheinlichen Auswirkungen registrieren können. Wir wissen allenfalls, daß sie aus der Tiefe des Alls zur Erde kommen, dann aber auf ein derartiges Minimum geschrumpft sind, daß nicht ein einziges Meßinstrument darauf anspricht.

Könnte es nicht auch mit einer anderen Kraft so sein, die wir einmal ganz volkstümlich »Erdstrahlen« nennen wollen?

Schließlich konnte vor Madame Curie und vor Conrad Roentgen auch noch niemand die von ihnen entdeckten Strahlen messen.

Dürfen wir so arrogant sein, zu behaupten, daß es keine »Erdstrahlen« gibt? Fehlt uns in unserer Zeit nicht ganz einfach der »Geigerzähler«, um sie nachzuweisen?

Aber ich stelle mich selbst in Frage. Sind es überhaupt Strahlen, die die Wünschelrute des Sensitiven zum Ausschlag bringen? Kommen sie aus der Erde, oder kommen sie aus dem Weltall? Haben sie etwas mit Magnetismus oder hochfrequenten Mini-Strömen zu tun?

Kein Wissenschaftler weiß es, erst recht nicht der Rutengänger, dem die Gabe in die Wiege gelegt ist, während andere sich das Rutengehen nur mühsam und unvollständig erarbeiten können.

Unsere Welt ist voller Wunder. Wo ist bisher das Meßinstrument, mit dem sich die Fähigkeit dokumentieren läßt, die Lachse zielsicher in das Flüßchen ihrer Geburt zurückführt, nachdem sie Tausende von Kilometern im endlosen Pazifik geschwommen sind? Wie heißt das Sensorsystem, das die Zugvögel lenkt oder Katzen über Hunderte von Kilometern zu ihrem Heimathaus zurückfinden läßt?

Wir können nur ahnen, daß es ganz minimale Magnetfeldempfindlichkeiten, vielleicht auch Frequenzänderungen von Strahlungen sind, die diese Wunder bewirken, sich aber den Meßinstrumenten unserer Physiker noch immer entziehen.

Hätten unsere Urgroßväter die Einstein-Formel ($E = m \cdot c^2$), nach der für die Energieermittlung die Masse mit dem Quadrat der unvorstellbar hohen Lichtgeschwindigkeit multipliziert wird, nicht für geradezu absurd gehalten?

Ganz sicher, denn sie wußten nichts von Kernspaltung und Atomkernfusion. Wir aber wissen noch nichts von den geheimnisvollen Bindegliedern zwischen Physik und Metaphysik, zwischen Psychologie und Parapsychologie. Banales Alltagsbeispiel: Ist es Ihnen nicht auch schon so ergangen, daß eine Person, an die Sie gerade intensiv dachten, Sie wenige Augenblicke später anruft? Welcher Art war wohl die feinstoffliche Energie, die den Gedanken vom 500 Kilometer entfernten Anruferort zu Ihnen ins physisch-gedankliche Bewußtsein herüberbrachte? Wir wissen es nicht.

Versuchen wir also, uns dem Thema »Erdstrahlen«

ebenso unvoreingenommen tolerant wie auch kritisch zu nähern.

Ich möchte es Ihnen selbst überlassen, sich anhand dieses Buches ein eigenes Urteil über das Phänomen zu bilden.

Wer sich auf seine Physik- und Chemiekenntnisse aus der Schulzeit besinnt, findet vielleicht einen leichteren Einstieg. Deshalb bin ich in einem besonderen Kapitel auch auf die physikalisch nachweisbaren bekannten Strahlungsarten kurz eingegangen.

1. »ERDSTRAHLEN« – GIBT ES SOLCHE STRAHLEN ÜBERHAUPT?

Was ist dran an den Illustriertengeschichten über »Erdstrahlen«? Da leidet ein altes Mütterchen an Gicht, versagt ein Kind in der Schule, und prompt entdeckt ein Wünschelrutengänger eine »Erdstrahlenkreuzung« unter dem Bett. Die Schlafstätten werden in eine »störungsfreie« Zone verschoben, und siehe da: Alle Beschwerden verschwinden.

Oder, da stirbt ein Mann im besten Alter an Krebs. Für manche Wünschelrutengänger ist die Sache klar: Er schlief seit Jahren ahnungslos auf einer »Erdstrahlenkreuzung«. Auch dem nächsten, der an gleicher Stelle ruhen wird, ist gleiches Schicksal gewiß!

Die Prediger in uralten Kirchen stehen vor dem Altar auf einer Kreuzung »rechtsdrehender« Wasseradern. Ihre Ausdauer und Beredsamkeit fällt auf. Würden sie aber auf »linksdrehendem« Wasser stehen – kaum zu glauben, die Strahlenforscher (Radiästheten) behaupten allen Ernstes, dann würde den Geistlichen Energie entzogen und sie bald bei ihrer »Stand«-Predigt ermatten. Ja, sie behaupten sogar, der Platz für alte Kultstätten sei von unseren Vorfahren mit ihrem noch unverdorbenen Gespür für das Übersinnliche bewußt dort gewählt, wo sich »rechtsdrehende« unterirdische Wasseradern kreuzen.

Blühender Blödsinn, Schauermärchen, Aberglauben? Oder doch mehr? Vielleicht noch weitgehend unerforschtes grenzwissenschaftliches Gebiet, von der Wissenschaft noch nicht ernsthaft zur Kenntnis genommen, manchmal verspottet, so wie es auch der Parapsychologie anfangs erging?

Wer meine 9 Sachbücher über Finanzen und Kapitalanlagen gelesen hat, wird mir wahrscheinlich nicht unterstellen, daß ich kritiklos spekulativen Theorien anhänge. Er wird – und das zu Recht – davon ausgehen, daß hier das Buch eines Skeptikers vorliegt, aber eines unvoreingenommenen Skeptikers.

2. WIE FUNKTIONIERT DAS MIT DER WÜNSCHELRUTE?

2.1 Das dicke Wasserrohr, ein Handwerksmeister und ein Zweifler

»Erdstrahlen« können hauptsächlich durch Wünschelrute oder Pendel nachgewiesen werden. Wenn ich das Wort immer noch in Gänsefüßchen setze, so deshalb, damit schon erste Zweifel geweckt werden. Welche physikalischen Eigenschaften diese Strahlen haben – ihre Existenz einmal vorausgesetzt –, ist nämlich nicht unumstritten. Damit werden wir uns später noch eingehend befassen. Weil aber die Rutengänger eine Energie verspüren, die scheinbar aus der Erde kommt, wollen wir uns auf die volkstümlich gewordene Bezeichnung »Erdstrahlen« verständigen, ohne schon hier einen Streit vom Zaune zu brechen. Ab jetzt also bitte Erdstrahlen ohne Gänsefüßchen. Das nebenbei.

Ich wollte eigentlich die Geschichte vom alten Maurermeister erzählen, der sich aufs Wünschelrutengehen verstand. Als seine Gesellen mit Autos und Motorrädern schon dem Feierabend zustrebten, ging er bedächtig in die grün-dämmrige Hecke nahe der Baustelle und schnitt in aller Ruhe eine Astgabel aus einem Haselnußstrauch. Er kam zur Baugrube zurück und schritt sie mit vorgehaltener Astgabel im Rechteck ab.

»Keine Wasserader, machen wir also nur eine normale Drainage«, ließ er sich nach einiger Zeit vernehmen.

Bei allem Vertrauen in seine Handwerkskunst, die Sache mit der »Wünschelrutenfähigkeit« nahm ich ihm einfach nicht ab. »Geh doch mal hier über den Weg, ich will sehen, ob du einen Ausschlag hast.«

Wohlweislich setzte ich ihn gut dreißig Meter vor der Stelle an, an der das dicke Wasserrohr des Gemeindenetzes den Weg kreuzt. Er ging Schrittchen für Schrittchen, ganz langsam. Plötzlich wurde die Rute regelrecht nach unten gerissen. Es war wirklich die Wasserleitung.

Ich war immer noch skeptisch, wollte es genau wissen. Vielleicht wußte er doch etwas von der Wasserleitung. Er war schließlich Maurermeister.

Also nahm ich mir die Wünschelrute aus dem gegabelten Haselnußast und marschierte selbst los. Nichts tat sich.

Er kam auf mich zu. »Ich kann es dir zeigen. Die Fähigkeit überträgt sich auf dich, wenn ich dich anfasse und wir gemeinsam die Wünschelrute halten.«

Er nahm mit seiner linken meine rechte Hand. Mit der linken hielt ich die Rute, er mit der rechten, und wir gingen los. Als wir über dem Wasserrohr waren, schlug die Astgabel kräftig nach unten aus. Laß es uns bitte noch mal probieren, bat ich, noch immer skeptisch.

Beim nächsten Versuch hielt ich über dem Wasserrohr das frisch geschnittene Holz derart fest, daß sich die Rinde in meiner Hand schälte. Den Ausschlag indessen konnte ich auch dadurch nicht verhindern.

Ich muß gestehen, daß sich von diesem Zeitpunkt an meine Einstellung gegenüber den Rutengängern geändert hat. Bisher hatte ich sie so ungefähr auf eine Stufe mit Horoskopmachern und Traumdeutern gestellt. Nun begann ich sie ernst zu nehmen.

Viel später behauptete ein anderer Wünschelrutengänger mir gegenüber, er spreche auf Erdstrahlen an, die von unterirdischen Wasseradern und sogenannten Verwerfungen ausgingen.

Was lag näher, als zunächst mal den »Dickes-Wasserrohr-Test« mit ihm zu machen. Er bestand die Probe auf Anhieb. Wer vorgibt, feine Erdstrahlen wahrzunehmen, die gebündelt aus tief unter der Erdoberfläche fließenden Wasseradern austreten, für den muß fließendes Wasser in einer 100-Millimeter-Leitung –, und nur 1,20 Meter tief unter einer Teerdecke versteckt –, ein grober Buchstabe sein.

2.2 Auch der Große Brockhaus windet sich

Schon wenn Sie den Großen Brockhaus, hier die achtzehnte, völlig neu überarbeitete Auflage, zur Hand nehmen und unter »Wünschelrute« nachschauen, bemerken Sie die vorsichtige Formulierungsweise:

». . . gegabelter Zweig (meist Haselnuß) oder zur Gabel geformter Draht, mit dem Wünschelrutengängern bei Geländebegehung infolge Ausschlagens der Wünschelrute das Auffinden unterirdischer Vorkommen von Wasser, Erzen u. a. möglich sein soll. Die Ausschläge der gespannt gehaltenen Wünschelrute sollen beim Begehen des Nutzungsgeländes Art und Tiefe des gesuchten Vorkommens anzeigen; in seiner Wirksamkeit umstritten.«

Es ist also von »sollen« und »umstritten« die Rede, weil man bisher nicht wissenschaftlich exakt erklären kann, auf welche Weise die an und für sich unumstrittenen Ausschläge der Wünschelrute zustande kommen. Genauso unklar ist, weshalb ein Mensch diese Gabe in ausgeprägtem Maße besitzt, der andere sie mühevoll trainieren muß und ein dritter nie einen Ausschlag zustande bringen wird.

Schon 2000 Jahre vor Christi Geburt wußten die Chinesen mit der Wünschelrute umzugehen, schon auf einem babylonischen Denkmal kann eine Darstellung der Wünschelrute nachgewiesen werden.

Erstaunt werden Sie sein, daß sich noch im 20. Jahrhundert nicht nur wassersuchende Schrebergartenbesitzer, sondern Weltfirmen mit einer Riesenausstattung an Laboratorien und technischen Hilfsmitteln der alten Wünschelrute bedienen.

So wird von dem Schweizer Pharma-Giganten Hoffmann-La-Roche berichtet, er habe schon vor Jahrzehnten die Wünschelrutenfähigkeit eines Mitarbeiters genutzt. Dr. Peter Treadwell, von Haus aus eigentlich Chemiker, hat seiner Firma bei der Erschließung neuen Fabrikgeländes in fremden Ländern mit der Wünschelrute wertvolle Dienste geleistet. So zum Beispiel in Australien im Dünensand, und erst nachdem das für eine Chemiefabrik unerläßliche Wasser gefunden war, habe Hoffmann-La Roche das Gelände gekauft.[1]

Dr. Treadwell, der das »Wünscheln« von einem Verwandten gelernt hat, glaubt, daß die Fähigkeit etwas mit Elektrizität zu tun hat. Ein ebenfalls erfolgreicher Schweizer Schüler von ihm hat festgestellt, daß Japaner und Angehörige farbiger Rassen bei den Wünschelrutenversuchen trotz großer Anstrengungen keine Ausschläge hatten.

Besonders bemerkenswert waren die Erfolge der Schweizer Wünschelrutengänger in Indien, wo die Bohrgeräte in 70 Meter Tiefe genau die vorhergesagte, kaum 10 Zentimeter breite Wasserader im Felsspalt trafen, während von anderer Seite eingesetzte physikalische Geräte bei der Mutung versagten.

2.3 Was bringt den Rutenausschlag zustande?

Der Wiener Physiker (Fachrichtung Festkörperphysik) Dr. Otto Maresch hat den Rutenausschlag im Zusammenhang mit einer Mikrowellenresonanz gesehen.

Bei einer der bekannten Nobelpreisträgertagungen in Lindau am Bodensee (1969) mußte allerdings der Nobelpreisträger A. Szent-Györgyi eingestehen, daß man sich noch nicht erklären könne, in welcher Weise die Muskeln auf die empfangenen Signale reagieren, weil die Nerven im Bindegewebe und nicht im Muskelgewebe enden. So kommen denn der Ingenieur Hans Mayer und der Journalist Dr. Günther Winkelbaur[2] zu der Erkenntnis, es handele sich letztlich nicht um übertragene Energie, sondern um Zell-Information.

Die beiden Autoren erklären den Unterschied von Energie und Information ebenso plastisch wie volkstümlich durch den Vergleich der Netzsteckdose mit dem Telefonanschluß: Aus der Steckdose kommt Energie, aus dem Telefonanschluß aber Worte.

In den dreißiger Jahren beschäftigten sich der Philologe und Mediziner Dr. J. Wüst und der Studienprofessor J. Wimmer in einer Versuchsreihe mit der physikalischen Seite des Wünschelrutenphänomens. Die Ergebnisse der beiden Forscher wurden 1936 in der Zeitschrift für Wünschelrutenforschung (Heft 2) veröffentlicht, verfielen aber dann in einen fast halbhundertjährigen Dornröschenschlaf.

Dem Mediziner Dr. Ernst Hartmann aus Eberbach blieb es vorbehalten, das schon vergessene Forschungsgut 1979 in einem Sonderdruck (Selbstverlag) des Forschungskreises für Geobiologie, 69412 Eberbach/Neckar, wieder für die Öffentlichkeit zu erschließen.[3]

Dr. Wüst geht von einem magnetoiden Feld der Lebewesen, also auch der Menschen aus, das den Körper gleichsam umgibt und die Luft-Sauerstoffmoleküle in der Körperumgebung in niederfrequente Schwingungen versetzt. Der Mensch ist also nach Dr. Wüst die Ursache für dieses elektromagnetisch und mechanisch schwingende System.

Es wird angedeutet, möglicherweise sei damit auch das physikalische Wesen der sog. Aura und des »Astralkörpers« des lebenden menschlichen Körpers dargestellt. Statische Aufladungen der Hautoberfläche könnten dabei eine Rolle spielen. Auf diese Aufladungen bzw. den elektrischen Hautwiderstand soll hier schon hingewiesen werden, da wir uns später eingehender mit Veränderungen des Hautwiderstandes beschäftigen müssen, und zwar Menschen betreffend, die sich in einer sog. Reizzone befinden. Der Hautwiderstand kann nämlich mit einfachen technischen Hilfsmitteln gemessen werden und so Rückschlüsse erlauben, ob eine Person sich innerhalb oder außerhalb einer Reizzone befindet, die bei längerer Verweildauer (Schlafstätte) Krankheiten auslösen könnte.

Für Dr. Wüst steht fest, daß Krankheiten Störungen in der Elektrizitätsversorgung des Körpers sein können, weil die Wünschelrute über kranken Organen anders ausschlägt als über gesunden. Er begründet dies mit der physiologischen Tatsache, daß an der Körperoberfläche zahlreiche Nerven enden, die sehr schwache, kaum meßbare Gleichströme führen.

Aber kommen wir zurück zur Erklärung des Wünschelrutenausschlags, wie sie sich nach Dr. Wüst darstellt. Dieser ist also von einem schwingenden Magnetfeld um den menschlichen Körper herum ausgegangen. Kommt nun das Magnetfeld des Wünschelrutengängers mit einem anderen Magnetfeld in Berührung, das beispielsweise ein untersuchtes Objekt – wie eine Wasserader – ausstrahlt, so durchdringen sich nach Dr. Wüst die Felder. Sie können sich durch »Interferenz, Überlagerung, Resonanz, Tarnung oder Abschirmung« gegenseitig beeinflussen.

Nun zum eigentlichen Rutenausschlag: Dr. Wüst kann sich vorstellen, daß das körpereigene magnetoide Feld des Wünschelrutengängers durch das magnetoide Feld des untersuchten Objekts gestört wird, und zwar speziell in den Händen, die die Rute halten. Da aber alles in der Natur auf Ausgleich und einen Gleichgewichtszustand ausgerichtet ist, könnte magnetoide Energie durch die Wünschelrute »verschoben« werden und sie zum Ausschlag veranlassen.

Dr. Wüst vergleicht den Vorgang mit dem Stromfluß im Rotor eines Elektromotors oder in der Spule eines elektrischen Meßgerätes und schließt auf Kräfte, die die Drehung der Wünschelrute auslösen. Die Rute dreht sich so lange, bis sich die Energie ausgeglichen hat und ein neuer Gleichgewichtszustand gefunden wurde, der den Drehvorgang zum Abschluß bringt.

Wenn ein bestimmter Stoff bei einem bestimmten Wünschelrutengänger einen Ausschlag hervorruft, so muß der gleiche Stoff bei Wiederholung den gleichen Ausschlag ergeben.

Allerdings muß angemerkt werden, daß auch die seelische oder körperliche Verfassung eines Rutengängers bei der Reproduzierbarkeit nicht außer Betracht bleiben kann.

Wenn Erdstrahlen sich, wie wir im folgenden Kapitel noch sehen werden, weitgehend so verhalten wie elektromagnetische Felder im Mikrowellenbereich, so ist der Vergleich mit einer stromdurchflossenen Spule oder mit zwei Magnetfeldern, die sich »schneiden«, eigentlich frappierend. Er erinnert an das elektrodynamische Prinzip (das 1866 von Werner von Siemens entdeckt wurde) und damit letztlich an den Elektromotor. Auch hier handelt es sich eigentlich um ein Magnetfeld und einen in dessen Wirkungsbereich eingebrachten stromdurchflossenen Leiter. Kraftlinien der Felder »schneiden« sich und lösen eine »Abstoßung« (genauer gesagt: die krafterzeugende Drehbewegung) aus.

Doch lassen wir einen weiteren Experten zu Worte kommen: Dr. Zaboj Harvalik, Professor für Physik, arbeitete bis zu seiner Emeritierung für ein Forschungslaboratorium des US-Verteidigungsministeriums in Fort Belvoir. Er versuchte mit wissenschaftlichen Methoden und Testreihen an über 300 Personen den Wirkungsmechanismus des Wünschelruteneffekts herauszufinden.

Dr. Harvalik geht von »Störfeldern« aus und glaubt an die Existenz sog. Sensoren im Körper des Rutengängers, die im Gehirn eine Reaktion hervorrufen, das dann den Befehl an die Arme weitergibt.

Wo aber sitzen die Sensoren? Auch Dr. Harvalik weiß es nicht, jedenfalls *noch* nicht. Als Zwischenergebnis seiner Forschungen tippt er auf ein Zusammenwirken von Zirbeldrüse, Nebennierenrinde und dem Nervenzentrum im Bauch, das Sonnengeflecht genannt wird.

Wäre die Wünschelrute ein wissenschaftliches Meßinstrument, wüßte man natürlich genau, welche Kraft sie letztlich bewegt. Aber sie ist ein personenbezogenes Anzeigegerät, wirksam nur in den Händen des Sensitiven. Das erschwert die Objektivierung ihrer Wirkungsweise.

2.4 Wie sieht eine Wünschelrute aus? – Die verschiedenen Formen und Materialien

Unsere Vorväter haben zunächst wohl nur den gegabelten Zweig vom Haselnußstrauch, der Weide oder der Eiche als Wünschelrute genutzt. Er ist ungefähr fingerdick und 40 bis 50 cm lang.

Beide Hände greifen zu den Enden, spannen sie ein we-

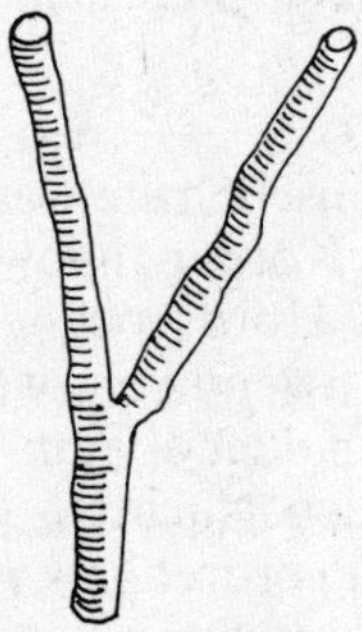

Abb. 2: U-förmige Wünschelrute aus Metall

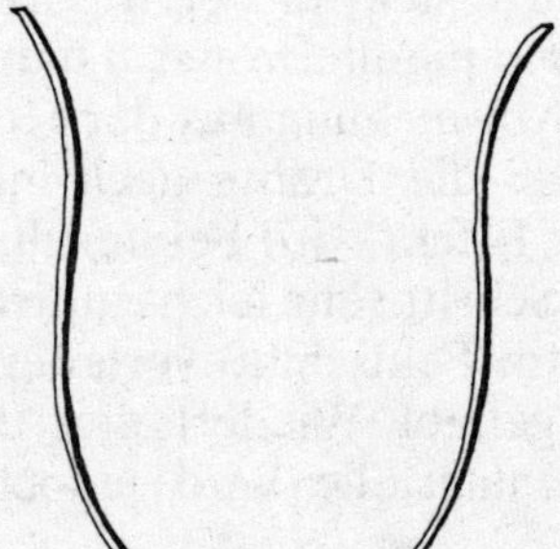

Abb. 1: Wünschelrute aus gegabeltem Holzzweig

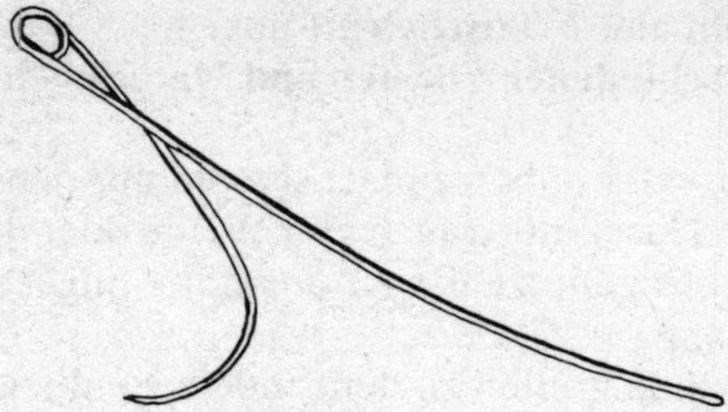

Abb 3: Spiralrute aus Metall im gespannten Zustand

nig und tragen die Wünschelrute waagrecht, wobei die beiden Gabelenden dem Körper zugewandt sind.

Wünschelruten aus Holz trocknen sehr leicht aus und wurden für jeden Anwendungszweck neu von Strauch oder Baum geschnitten oder aber in Wasser aufbewahrt.

Sie haben weiter den Nachteil, daß der ständige Gebrauch die Holzfasern verdrehen kann.

Außer der Holzrute gibt es maschinell hergestellte Spiralruten aus verschiedenen Metallen, die auch verschieden geformt sein können – so zum Beispiel schleifenförmig gebogen oder in der Form eines U.

Ein Anfänger ist gut beraten, seine Sensitivität vielleicht zunächst einmal mit zwei rechtwinklig gebogenen Schweißdrähten zu testen, die er freidrehend in je eine Holzhülse steckt und parallel vor sich hält.

Jede geringste Abweichung aus der Horizontalen führt aber hier dazu, daß die Drähte nach innen oder außen weggleiten. Dieser Effekt wird bei unruhigem, zu großem und zu schnellem Schritt sehr leicht auftreten und könnte den Probanden zum Fehlschluß verleiten, er habe einen echten Ausschlag gehabt. Wiederholtes Begehen der vermeintlichen Ausschlagstelle wird jedoch bald Klarheit bringen.

Gebräuchlich sind auch Wünschelruten aus Kunststoff (z. B. aus Polyamid). Sie werden insbesondere von Wün-

Abb. 4: Ältere Darstellung einer »Rutlerin«. Die meisten der rund 2000 Rutengänger in der Bundesrepublik sind Männer. Aber auch Frauen ist die sensitive Begabung eigen (Ullstein-Bilderdienst).

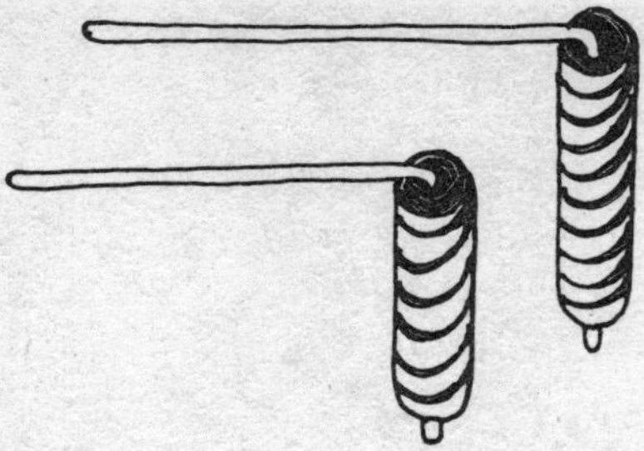

Abb. 5: Wünschelrute aus gebogenem Schweißdraht

schelrutengängern eingesetzt, die mit der »Grifflängentechnik« arbeiten. Etwas auf kommende Kapitel vorgreifend, soll an dieser Stelle schon festgehalten werden, daß sich bei der Lokalisierung von Erdstrahlen, also der radi-

Abb. 6: Wünschelrute aus Polyamid mit Grifflängenmarkierung. Die Rute wird hier im sog. Untergriff gehalten.

ästhetischen Meßtechnik, zwei unterschiedliche Arbeitsweisen ergeben haben: die mentale Technik und die Grifflängentechnik.

Ein »mental« arbeitender Rutengänger stellt sich geistig-seelisch auf sein Untersuchungsobjekt ein, um einen Rutenausschlag zu bekommen.

Die Grifflängentechnik dagegen basiert auf der Annahme, daß Erdstrahlen eine hohe Schwingungszahl haben und sich wie elektromagnetische Felder äußern. Folglich haben sie auch eine bestimmte Wellenlänge. Ja, jeder Stoff, jedes Element strahlt und hat eine bestimmte Wellenlänge. Also stellt sich der Wünschelrutengänger bei der Grifflängentechnik auf eine bestimmte Wellenlänge ein, wenn er einen bestimmten Stoff sucht.

Wenn die Wellenlängen bestimmter Stoffe bekannt sind – und das sind sie –, kann man sie auf einer Kunststoff-Wünschelrute markieren (etwa durch farbiges Klebeband) und dann »abgreifen«, so wie beim Rundfunkgerät durch Drehen des Kondensators die Wellenlänge eines bestimmten Senders hereingeholt wird.

Musik in den Ohren eines Rutengängers ist es allemal, wenn er Wasser in trockenem Gelände findet. Trauermusik kann es sein, falls er eine sogenannte Krebs-Kreuzung zweier Wasseradern findet und es für den ahnungslosen Schläfer des »bestrahlten« Bettes schon zu spät ist.

2.5 Hand in Hand – und die »Rutenfähigkeit« überträgt sich auch auf Sie

Dr. Harvalik, den wir in Kapitel 2.3 kennengelernt haben, bediente sich bei seinen Versuchsreihen auch eines Deutschen.

Nach einem *AP*-Bericht[4] vom 8. 10. 1975 arbeitete Dr. Harvalik mit Wilhelm de Boer zusammen, der nach Aussagen des amerikanischen Forschers als »feinfühligster Rutengänger der Welt« anzusehen ist.

Die Illustrierte *Quick* widmete am 11. 7. 1985 dem Norddeutschen eine Bildstory und zitierte Dr. Harvalik so: »Die Empfindlichkeit von Herrn de Boer ist mit Abstand die größte, die ich jemals gemessen habe – etwa zehntausendmal größer als die von anderen Rutengängern.«

Aber selbst derjenige, der überhaupt nicht rutenempfindlich ist, kann die Ausschläge des Wunderdings miterleben. Nach Meinung verschiedener Autoren kann die Sensitivität schon durch Handauflegen auf die Schulter für die Zeit des Handauflegens übertragen werden. Mir persönlich hat der alte Handwerksmeister, den ich Ihnen in Kapitel 2.1 vorgestellt habe, zu einem »Rutenerlebnis« verholfen. Er nahm, wie ich es eingangs schon berichtete, das rechte Ende der Rutengabel in seine rechte Hand, griff mit der linken nach meiner rechten und hieß mich, das linke Gabelende mit der linken Hand zu halten. Dann gingen wir mit langsamen Schritten los. Über dem Wasserrohr wurde mir die linke Hand förmlich nach unten gerissen. Ich war nicht imstande, die Rute waagrecht zu halten. Wir haben den Versuch mehrfach wiederholt, und ich hielt so fest, daß sich zuletzt die Rinde vom frisch geschnittenen Rutenholz löste und das Ende sich regelrecht in meiner linken Hand verzwirbelte.

Bei Versuchen mit anderen Rutengängern stellte ich fest, daß die übertragene Sensitivität bei Metallruten weniger ausgeprägt war als bei Holzruten.

2.6 Des Kaisers verlorene Uhr – aber ein Rutengänger fand sie

Manche Rutengänger sprechen nur auf Bewegung, bspw. auf fließendes Wasser an. So kann es passieren, daß sie keinen Ausschlag empfinden, weil zufällig kein Wasserhahn im Haus geöffnet ist. Entnimmt jedoch jemand Wasser, so wird sich beim geübten Rutengänger der Ausschlag auch bald einstellen.

In unterirdischen Wasseradern fließt das Wasser. Unterirdische Ölvorkommen aber sind statisch. Daraus erklärt sich, daß weniger sensible Rutengänger zwar fließendes Wasser entdecken, nicht aber bei Erdöl oder anderen eher statischen Dingen fündig werden können.

Von dem Wiener Generalstabsoberst Carl Beichel ist jedoch eine Geschichte überliefert[5], die seine hohe Sensitivität auch gegenüber unbewegten Gegenständen überzeugend dokumentiert.

Seine Majestät, der rauschebärtige Habsburger-Kaiser Franz Josef, hatte Anfang dieses Jahrhunderts ein Manöver nahe des Wiener Vorortes Ottakring befohlen. Er gedachte, höchstpersönlich Truppe und Gelände zu inspizieren, hatte aber unterwegs das Pech, in dem mit Hecken und dichtem Gras bestandenen Manövergelände seine wertvolle Uhr zu verlieren. Der Adjutant bemerkte »allerhöchste« Unruhe im Gesicht Seiner Majestät, hatte aber gleich einen überraschenden Vorschlag, wie man wohl den kaiserlichen Zeitmesser am schnellsten wiederfinden könne.

Der Oberleutnant Beichel müsse her, denn der verstehe sich auf die Wünschelrute und sei dieserhalb von seinen Kameraden nicht nur einmal gehänselt worden.

Wenn die Überlieferung stimmt, hat Beichel den Kaiser nur um zehn Minuten Zeit gebeten, prompt die stets mitgeführte Wünschelrute gezückt und nach kurzem Umhergehen das gute Stück Seiner Majestät ausgemacht.

Ich hoffe, auch die Pointe ist richtig überliefert. Franz Josef soll knapp und großmütig gesagt haben: »Ich danke Ihnen, Herr Hauptmann!«

Der spontan Beförderte hat später die Stadt Wien mit seiner Wünschelrute vermessen und dabei mehrere Thermalquellen entdeckt. Er durfte eine Wünschelrute im Kragenspiegel seiner Uniform führen und fortan sensitive Offiziere ausbilden, denn Garnisonen brauchten auch schon damals nicht nur Soldaten und Waffen, sondern auch Wasser.

Oberst Beichel endete tragisch. Er hatte jahrelang den Wiener Thermalquellen und anderen Wasseradern nachgespürt. Naturgemäß war er bei seinen Forschungen ständig Reizzonen ausgesetzt. So starb er an mehrfachem Krebs.

2.7 Der »Stab« des Moses – Wasser in der Wüste

Sie werden es kaum für möglich halten, aber die Sensitivität ist bei manchen Menschen so ausgeprägt, daß sie mit bloßen ausgestreckten Händen ohne jegliches technisches Hilfsmittel Empfindungen wie ein Rutengänger mit Rute haben.

Es ist wie bei einem Fernsehempfänger. Der eine braucht für ein einwandfreies Bild eine Riesenantenne auf dem Dachboden, oder die das Haus verunzierende »Schüssel« für die Satellitensignale aus dem All, der andere hat beste Bildqualität schon mit einer Zimmerantenne. Nur kommt es hierbei auf die Stärke der einfallenden Fernsehwellen an, beim Sensitiven jedoch auf die Empfindlichkeit des »Empfangteils«.

Wenn es sogar ganz ohne Wünschelrute geht, dann muß es auch mit anderen Hilfsmitteln gehen, die nicht rutenähnlich oder pendelförmig sind. Vielleicht kann man dem alttestamentlichen Wunder des Moses, der die Kinder Israels aus ägyptischer Gefangenschaft durch trockene Wüste führte, eine andere Bedeutung geben.

Bevor die »Heimkehrer« das verheißene Land sehen durften, in dem, wie verkündet, Milch und Honig floß, kamen sie in die arge Bedrängnis des Verdurstens.

». . . Da aber das Volk daselbst dürstete nach Wasser, murrten sie wider Mose und sprachen: Warum hast du uns lassen aus Ägypten ziehen, daß du uns, unsere Kinder und unser Vieh Durstes sterben ließest?
Der Herr sprach zu ihm: . . . und nimm deinen Stab in deine Hand . . . ich will daselbst stehen vor dir auf einem Fels am Horeb – da sollst du den Fels schlagen, so wird Wasser herauslaufen, daß das Volk trinke. Moses tat also vor den Ältesten von Israel.«[6]

Der Stab des Moses, mit dem er »den Fels schlug«, muß nicht unbedingt eine gegabelte oder gebogene Wünschelrute gewesen sein. Wenn Moses nicht nur ein großer Prophet, sondern auch ein sensitiver Mensch war, konnte er ohne weiteres auch mit einem bloßen Wanderstab als Anzeigeinstrument Wasser in der Wüste finden.

2.8 Der »Schatz« der Lottogewinnerin – und alles endete mit einem Bauchschuß

Eine Illustrierte[7] brachte die Story vom Schatz im Teutoburger Wald, den eine Hausfrau im Traum auf ihrem großen, schönen Grundstück mit altem Bauernhaus gesehen hatte.

Wer zweifelt an einer solchen nächtlichen Vision, wenn er hört, daß besagte Frau schon einmal das richtige »feeling« hatte, das ihr einen Hunderttausend-Mark-Lottogewinn einbrachte und erst den Kauf des Bachgrundstückes im Grünen ermöglichte.

Letzte Gewißheit über das kostbare Versteck sollten Pendel und Wünschelrute bringen. Warum keine Metallsuchsonde eingesetzt wurde, ist nicht überliefert. Jedenfalls machte sich die Lottogewinnerin mit dem Pendel auf die Suche nach weiterem Glück und hatte alsbald eine Stelle ausgemacht, bei der er rechtsherum kreiste. Also wurde ein zwei Meter tiefes und 80 Zentimeter rundes Loch gegraben, das aber außer Steinen und Erde nur eine alte Glasscherbe erbrachte.

Nun mußten die Hellseher Hanussen und Frau Buchela, die Bonner Seherin aus Remagen, zu Hilfe. Sie befanden übereinstimmend, daß auf dem Grundstück »etwas« sei, wobei Frau Buchela dieses »Etwas« noch näher mit »etwas breites Längliches« oder »längliches Breites« präzisierte.

Wer zögert ob solcher Bestätigung noch, einen Bagger für 80 DM Stundenlohn zu heuern, der das Grundstück bald zerfurcht hatte, aber keinen Schatz fand.

Mittlerweile war auch ein Wünschelrutengänger »fündig« geworden. Zunächst aber nur diagnostisch. Der Ehemann der Schatzsucherin jedoch hatte die Aktivitäten satt, insbesondere aber die des Wünschelrutengängers, dem er den Baggereinsatz zuschrieb. Er warf ihn vom Stuhl und hatte kurze Zeit später ein Neun-Millimeter-Loch im Bauch, da sein Kontrahent außer der Wünschelrute offensichtlich auch noch ein Schießeisen bei sich trug. Beide Beteiligten kamen ins Krankenhaus. Der Ehemann wegen einer Notoperation, die ihm das Leben rettete, und der Wünschelrutengänger, der sich vor der Polizei in einem wassergefüllten Betonbehälter versteckt hatte, wegen ... Unterkühlung.

Trotz Lottogewinns standen kurz darauf Haus und Grundstück zum Verkauf. Die Frage mußte vorerst offenbleiben, ob es sich dabei um ein normales Grundstück oder um ein Grundstück mit einem »breiten Länglichen« oder »länglichen Breiten« darin handelt.

2.9 Wassersuche mit Wünschelrute und Flugzeug

»Auf dem Gebiet der Grenzwissenschaft werden wir in diesem Jahrhundert noch mehr Überraschungen erleben als in der Physik«, sagte einmal ein einschlägig forschender Wissenschaftler.

Bekannt ist, daß die Supermächte, insbesondere aber die Sowjets, zu Zeiten, als ihr Riesenreich noch bestand, regelrechte Programme für die militärische Verwertung noch weitgehend unerforschter Phänomene gestartet haben.

So wurde von einer Sowjetrussin berichtet, die allein aufgrund von Gedankenkonzentration kleine Gegenstände, wie z. B. einen Ring, auf der Tischplatte bewegen kann, ohne die Gegenstände auch nur im geringsten zu berühren. Dieses Phänomen wird Psychokinese genannt.

Viel weiter erforscht als diese Grenzgebiete ist jedoch die Rutengängerei. Suchte dereinst k.-u.k.-Oberst Beichel nach Quellen für Kasernen, so waren auch im Zweiten Weltkrieg Soldaten als Rutengänger eingesetzt. Mayer/Winkelbaur[2] berichten von dem Wiener Architekten Paul

Abb. 7: Ältere Darstellung von Rutengängern und vom Schürfen nach Metallerz (Holzschnitt 1556) (Ullstein Bilderdienst).

Artmann, der bei einem Divisionsstab in Norwegen Wehrdienst leisten mußte. Da die Truppe unter schlimmem Wassermangel litt, erbot sich der sensitive Soldat Artmann, aus der Flugkabine einer langsam fliegenden Ju 57 mit der Wünschelrute nach Wasser zu suchen. Die Methode war zwar sensationell neu, doch falls sie klappen sollte, enorm zeitsparend, weil zu Fuß im weitläufigen, gebirgigen Norwegen ein schneller Erfolg fragwürdig erscheinen mußte. Es klappte tatsächlich. Die Rutenausschläge in der Flugzeugkanzel trug Artmann in eine Geländekarte ein, nachdem man durch Peilung die Ausschlagstelle genau definiert hatte. Nach der Grob-Untersuchung per Flugzeug ging man dann »per pedes« die eingegrenzten Bezirke nochmals ab und legte die Bohrstellen, die angeblich alle Wasser brachten, endgültig fest.

Dr. Alexander Bakirov, ein am Polytechnischen Institut von Tomsk beschäftigter Russe, berichtete 1973 vor Teilnehmern aus 15 Ländern von seinen Erfolgen bei der Suche nach Erzlagern. Er sei mit seiner Wünschelrute im Flugzeug 200 Meter über der Erdoberfläche mit der geringen Geschwindigkeit von nur 200 Stundenkilometern geflogen und habe bei der Mutung von Erzlagerstätten solche Erfolge gehabt, wie man sie bei gleichem Zeit- und Geldaufwand mit konventionellen Erschließungsmethoden nicht erreichen könne.

Die Prognose des Russen war vielleicht zu optimistisch. Neue technische Suchmethoden sind entwickelt worden. Mittlerweile hat die Bundesanstalt für Geowissenschaften und Rohstoffe in Hannover der Öffentlichkeit ein neues Verfahren mit Radiowellen für die unterirdische Erzsuche vorgestellt. Es hat inzwischen Serienreife erreicht. Gesteinsformationen, in denen man Erz vermutet, werden mit Kurzwellen durchstrahlt, wobei das Erz einen »Wellenschatten« wirft, denn es nimmt mehr Energie auf als das Nebengestein.[8]

Die »Kurzwellenbestrahlung« erfolgt zwar nicht vom Flugzeug aus, sondern unter Tage. Das Verfahren hat seine praktische Bewährung in einer österreichischen Grube bestanden. Man braucht nicht mehr blindlings, vermutet man Erzlager, draufloszubohren. Gezielte Bohrungen in »Wellenschattenbereichen« begrenzen die Kosten von Suchaktionen.

2.10 Der eingeklemmte Hund im Fuchsbau und die Wünschelrute – kein Jägerlatein

Nach dem technisch-nüchternen Bericht über die Erzsuche nun eine Geschichte, die sich ein Jäger ausgedacht haben könnte, der seinen Stammtischbrüdern einschlägige Erlebnisse berichtet.

Überliefert wird das Geschehen aber nicht von einem phantasiebegabten Nimrod, sondern von einem Wünschelrutengänger; und da Zeugen dabei waren und der Vorfall in der *Zeitschrift für Radiästhesie*[8a] veröffentlicht wurde, gehe ich davon aus, daß er kein Jägerlatein ist.

Nicht der Fuchs saß in der Falle, sondern der Terrier, der ihn in seinem Fuchsbau aufspüren sollte. Genauer gesagt: Es handelte sich um einen verlassenen Dachsbau mit vier Eingängen, den Meister Reineke als geräumige Wohnung erwählt hatte, denn er erstreckte sich über 30 Meter. In einer engen Röhre saß der Terrier und konnte nicht vor und zurück. Die Jagdherren außerhalb des unterirdischen Palastes hatten schon 20 Stunden nach ihm gegraben und wollten ihn schon verloren geben. Aber ein Jäger erinnerte sich an einen Rutengänger, und weil dieser vorgab, nicht nur Wasser, sondern auch andere Dinge mit seiner Wünschelrute aufspüren zu können, sollte er nun sein Können unter Beweis stellen.

Der Rutler berichtet, er habe sich um die eigene Achse gedreht und dabei jeweils eine Richtung angepeilt. Dabei erhielt er in einer bestimmten Richtung Rutenausschläge. Nun veränderte er noch zweimal seinen Standort und legte den Schnittpunkt der Richtungen mit Ausschlägen als Grabungsort fest. Er tat noch ein weiteres, was bei Laien sicher Ungläubigkeit auslösen wird. Ein begabter Rutengänger kann auch Mutungen über die Tiefe des Objekts anstellen, indem er sich gedanklich (mental) auf verschiedene Tiefen einstellt und sie »abfragt«. Also mutete unser Rutler die Tiefe des steckengebliebenen Terriers auf 1,90 Meter. Die Jäger gruben an der vorbezeichneten Stelle und konnten den Hund genau dort aus seiner unglücklichen Lage befreien.

Bliebe noch zu sagen, daß auch die gemutete Tiefe von 1,90 Meter stimmte. Der Rutengänger hätte auf dieses Detail seines Erfolgserlebnisses bei der Veröffentlichung sicher verzichtet, wenn er danebengetippt hätte.

2.11 Auch Erdstrahlen sind mit Wünschelrute feststellbar

Wir haben gesehen, welch wunderbares Anzeigeinstrument die Wünschelrute in der Hand des sensitiv begabten Menschen ist. Sie kann Wasserströme tief unter der Erde, die niemand oberhalb der Erde sieht und rauschen hört, genauso erschließen wie Erzlagerstätten und Ölvorkommen. Bei richtiger mentaler Einstellung des Rutengängers ist es sogar möglich, verlorengegangene Gegenstände aufzuspüren.

Ich habe mich der »Wünschelrute« so eingehend gewidmet, weil diese sich auch eignet, extrem schwache Ausstrahlungen mit sehr hoher Schwingungszahl für einen Wünschelrutengänger erkennbar zu machen, nämlich jene »Strahlen« oder »Wellen«, oder sagen wir doch ganz einfach jene Phänomene, die volkstümlicherweise als Erdstrahlen bezeichnet werden. Spätestens seit der Entdekkung der physikalisch meßbaren Radioaktivität durch Madame Curie (1895) war die Vermutung aufgekommen, daß es noch weitere, sich wellenartig äußernde Erscheinungen gebe, die sich bisher der physikalischen Reproduzierbarkeit weitgehend entzogen haben.

Wenn schon der Große Brockhaus bei der Frage nach dem Wünschelruteneffekt sich wissenschaftlich nicht eindeutig festlegen will, wieviel mehr Brisanz muß dann in der Frage nach Eigenart und Ursprung der Erdstrahlen stecken?

3. WAS SIND ERDSTRAHLEN – WO KOMMEN SIE HER?

3.1 Mehrere Hypothesen, doch überzeugende wissenschaftliche Beweise stehen noch aus

Kein vernünftiger Mensch zweifelt daran, daß begabte Wünschelrutengänger Wasser und Erze finden können. Warum ausgerechnet bei dem einen Menschen der Wünschelrutenausschlag zustande kommt und beim anderen vollkommen ausbleibt, ist genausowenig bekannt wie die Wirkungsweise des Mechanismus und das Zusammenspiel der Kräfte.

Auch bei Erdstrahlen – oder wie man die vom Wünschelrutengänger oder Pendler wahrgenommene minimale Energie auch immer nennen mag – hat bisher niemand überzeugend und unwiderlegbar erklären können, um was es sich bei diesem Phänomen exakt handelt. Es gibt aber einige Hypothesen – die natürlich ein Grund sind für zahlreiche Kontroversen – wie überall, wo letzte Beweise fehlen. Nicht jeder ist so klug wie Nathan der Weise, dem die Religionen so verwechselbar ähnlich erscheinen, daß Toleranz geboten war.

Fassen wir zusammen, was Fachleute auf dem grenzwissenschaftlichen Gebiet der Erdstrahlen als Erklärung anbieten:

– Der Naturwissenschaftler Dr. rer. nat. Paul Schweitzer, einst dem Forschungskreis des Diplomphysikers Reinhard Schneider zugehörig, spricht von »radiästhetischen«, also mit der Wünschelrute meßbaren Feldern, als deren Ursache er weder natürliche Radioaktivität, noch Gammastrahlen oder Neutronen oder statische elektrische bzw. magnetische Felder ansieht.[9]
  Dr. Schweitzer, früher hauptberuflich als Referent für Öffentlichkeitsarbeit bei IBM und davor im Forschungslabor von Bosch tätig, nimmt als sicher an, daß

die Wünschelrutenreaktion über Wasseradern, Gitternetzen usw. durch »höchstfrequente, extrem schwache Felder« ausgelöst wird, die man von der Wellenlänge her (Dezimetergebiet) eindeutig dem Bereich der Mikrowellen zuordnen muß.

Wenn der Forscher auch elektrische oder magnetische Felder an sich verneint, so geht er dennoch davon aus, daß die extrem schwachen höchstfrequenten Felder in ihrem Verhalten weitgehend mit elektromagnetischen Feldern im Mikrowellenbereich übereinstimmen.

Dr. Schweitzer läßt keinen Zweifel daran, daß ungeachtet des wissenschaftlich ungeklärten Ursprungs der Phänomene von ihrer pathogenen (krankmachenden) Wirkung in Kreuzungsbereichen (in sog. Reizzonen) ausgegangen werden muß.[10]

Der Ingenieur Hans Mayer ist zusammen mit dem Wissenschaftsjournalisten Dr. Günther Winkelbaur in dem bereits zitierten Buch[2] interessanten und wissenswerten Dingen des Strahlungsfeldes von Kosmos, Erde und Umwelt nachgegangen.

Die beiden Verfasser definieren die eigentliche Erdstrahlung als eine terrestrische, also eine aus der Erde kommende Mikrowellenstrahlung, und vermuten deren Ursprung »in einer Anregung durch die Neutronenstrahlung«. Veränderungen der Erdstrahlung würden durch unterirdisches Wasser, Verwerfungen in der Erdkruste oder auch durch Erdöl, Kohle, Erzlager und andere Strahlungsbündler verursacht.

Mayer/Winkelbaur stellen ausdrücklich klar, die Erdstrahlung sei nicht zu verwechseln mit der aus der Erde und dem Kosmos kommenden energiereichen Strahlung, sondern eine »von dieser Grundstrahlung angeregte Mikrowellenstrahlung«.

Der Radiästhet Georg Otto[11] bezeichnet – entsprechend dem Volksmund – als Erdstrahlen »alle Arten von Strahlen, die uns aus der Erde erreichen«. Er versteht darunter Strahlen, die dem menschlichen Organismus

schaden, und führt aus, daß ionisierende Strahlen krankheitserregende Strahlen sind. Der globale Begriff Erdstrahlen umfasse Strahlungsarten verschiedener Ursachen, wovon die bekanntesten von Wasseradern herrührten. Als weitere Störungsart, dem Begriff Erdstrahlen zuzuordnen, nennt Otto die »Erdverwerfungen«.
Georg Kirchner[1] zitiert bei der Definition des Begriffs Erdstrahlen eine Veröffentlichung von Maria Frauzem (*Radiästhesie*, Wiesbaden-Biebrich 1953). Die Autorin versteht darunter »Anomalien im magnetischen, elektrischen oder Schwerekraftfeld der Erde«. Hinsichtlich von Störungen elektrischer Natur verweist sie auf den Nachweis durch das Elektroskop und beim magnetischen Feld auf den Doppelkompaß. Als Ursache des Phänomens werden »Verwerfungen, Gesteinswechsel, unterirdische Wasserläufe, Erzadern, elektrische Kabel, Körper in Verwesung, vergrabene Metalle usw. angegeben.«
Natürlich machte sich auch Freiherr von Pohl seine Gedanken über den Ursprung der Erdstrahlen. Er übernahm die These des Professors Blacher aus Riga, wonach Erdstrahlen vom Magma des Erdinnern ausgehen. Pohl verweist auf »neuere Hypothesen«, denen zufolge der Erdkern entweder aus Uranerz oder aus Nickeleisen bestehe. Nun setzen aber seine Zweifel ein. Bei einem Kern aus Uranerz müßte die Erdoberfläche gleichmäßig und nicht strichweise strahlen. Auch die Hypothese eines Nickeleisenkerns verwarf Pohl, weil Eisen positiv strahle und niemals eine negative Oberflächenladung der Erde bewirken könne.
Die beiden Hypothesen über die Bestandteile des Magmas des Erdkerns lehnt Freiherr von Pohl also ab, bleibt aber gleichwohl dabei, daß das Magma als Ursprung der ständigen negativen Aufladung der Erdoberfläche angesehen werden müsse.
Ich möchte mich hier noch einer Wertung enthalten, darf aber feststellen, daß die Thesen aus der Zeit um 1930 stammen. Als Magma werden heute im allgemei-

nen die glutheißen geschmolzenen Gesteine und Erze im Erdinnern bezeichnet.

Bevor Sie über die Hypothesen nachdenken, werden Sie erst noch mal in Ihrem Schulwissen kramen und dabei herausfinden, daß wir zeit unseres Lebens einer natürlichen Strahlenbelastung ausgesetzt sind. Da wären einmal die sogenannten *kosmischen Strahlen* zu nennen, die ständig aus dem Weltall auf uns niedergehen und mit denen unser Organismus gut fertig wird.

Dazu kommt noch eine sogenannte *terrestrische Belastung*, die eine ganz einfache Ursache hat. In der Erde (daher terrestrisch) lagern neben anderen Elementen auch die sogenannten natürlichen Radionuklide. Dazu gehören beispielsweise Uran, Aktinium und Thorium. Diese Elemente sind instabil, zerfallen also ständig und entsenden dabei Strahlung. So emittiert das bekannte Uran eine kräftige Alpha-Strahlung und eine Uranart (Uran 235), dazu auch noch Gamma-Strahlung.[12]

Versucht man eine eigene Wertung, so kommt man zunächst nicht an der Feststellung vorbei, daß die Alpha-, Beta- und Gammastrahlen der Radionuklide im allgemeinen nicht bis an die Erdoberfläche gelangen, weil sie durch Gesteinsformationen der Erdkruste verschluckt werden.

Dieser Absorption unterliegen aber nicht die von den Radionukliden ebenfalls ausgestrahlten Neutronenstrahlen. Sie können sich bis zur Erdoberfläche durchsetzen.

Nun sind wir am kritischen Punkt, denn Erdstrahlen sind keine Neutronenstrahlen. Es muß also etwas mit den Neutronenstrahlen passieren. Da diese Veränderung sich speziell über unterirdischen Wasserläufen oder Gesteinsverwerfungen vollzieht, ist hier ein weiterer Ansatzpunkt, denn nur an den genannten Stellen tritt eine Veränderung ein. Außerhalb der Reizzonen ist dagegen die Grundstrahlung ziemlich gleichmäßig.

Weshalb können Wasserläufe und Verwerfungen verändernd auf Neutronenstrahlung einwirken? Wahrscheinlich durch ihr eigenes elektrisches und magnetisches Feld, das sich durch Reibung am Gestein aufbaut.

Nun könnte man einwenden, das gelte vielleicht für Wasserläufe, nicht aber für Bodenverwerfungen. Denken Sie einmal an Ihre Quarzuhr. Der Quarz beginnt durch einen schwachen elektrischen Strom zu schwingen. Umgekehrt wissen Sie sicher, daß durch mechanischen Druck auf einen Quarz eine elektrische Spannung und mithin ein elektrisches Feld erzeugt werden kann. Man nennt dies Piezoelektrizität. Über die elektrischen Eigenschaften des Siliziums, des Ausgangsstoffes für die Herstellung mikroelektronischer Bauteile, sind Sie ebenfalls informiert. Nun schließt sich der Kreis. Auch in Gesteinsverwerfungen kann – genauso wie bei unterirdischen Wasserläufen – schon allein wegen der Quarz- und Siliziumbestandteile ein elektrisches Feld entstehen.

Noch einen Schritt weiter. Die Neutronenstrahlung der Radionuklide wird von den elektrischen und magnetischen Feldern unterirdischer Wasseradern und Gesteinsverwerfungen teilweise in eine hochfrequente Mikrowellenstrahlung umgewandelt. Man könnte diese mit sehr hoher Schwingungszahl auftretenden Erdstrahlen daher auch »veränderte Neutronenstrahlung« nennen. Gewöhnlich wird jedoch von Reizzonen oder Störzonen gesprochen, denn das Wort »Erdstrahlen« ist im gewissen Sinn wissenschaftlich verbraucht und eher der Laien-Umgangssprache entlehnt.

Schon jetzt ist es möglich, die Erdstrahlen mit physikalischen Apparaten zu objektivieren, wie wir in Kapitel 8 noch sehen werden. Die Schulwissenschaft hat jedoch erhebliche Vorbehalte und verneint zum Teil die Reproduzierbarkeit. Das mag auch daran liegen, daß Wünschelrutengänger nicht immer exakt an der gleichen Störstelle Ausschläge vorweisen können.

Auch Wissenschaftler, die sich mit dem Phänomen »Erdstrahlen« im positiven Sinne beschäftigen, bringen immer wieder neue interessante Gesichtspunkte in die

Diskussion ein. So schloß Dr. Ernst Hartmann auf der Frühjahrstagung des Forschungskreises für Geobiologie 1985 nicht aus, daß man von bisherigen Hypothesen abgehen müsse, wonach der durch Bodenreize hervorgerufene Rutenausschlag nur im physikalischen Bereich zu erklären sei. Es könne sich neben den bekannten physikalischen Kräften um eine ganz andere Energieform handeln, die sich anders bewege, alles durchdringe und spezifisch moduliert sei oder werden könne.[12a]

3.2 Die Meinung der Schulwissenschaftler: Wünschelrutenaussage ist wie Kaffeesatz

Was ist ein Schulwissenschaftler? Es gibt Wissenschaftler, die nach jahrzehntelangen Forschungen dem Wünschelrutenphänomen zwar noch immer ratlos gegenüberstehen, sich aber dennoch mit einer Wertung zurückhalten. Das ist sehr verständlich. Bei hoher Kompetenz auf einem Fachgebiet ist zur Wahrung des fachlichen Rufes Schweigen oft angebrachter als eine vorschnelle Äußerung. In bezug auf Erdstrahlen soll auch Professor Sauerbruch dieser eher vorsichtigen Kategorie zuzurechnen gewesen sein, wie wir später noch erfahren werden.

Manche Wissenschaftler jedoch nehmen den derzeitigen Erkenntnisstand als »ultima ratio« und lassen kein Hintertürchen offen. Professor Dr. rer. nat. Horst Löb vom Physikalischen Institut der Universität Gießen bekennt freimütig, daß die heutige Naturwissenschaft noch weit davon entfernt sei, alles zu verstehen, und daß je mehr neue Fragen auftauchen, desto weiter die Physik in die subatomarkleinsten oder kosmologisch-größten Dimensionen vordringt. Ich habe Löb fast wörtlich zitiert.[13]

Der Wissenschaftler weiter: »Die Physik kennt den Begriff der Erdstrahlen nicht.« Es sei wohl schwieriger, den Beweis für das Nichtbestehen von Erdstrahlen zu führen als den Existenzbeweis für die Erdstrahlen. Löb klopft dann die bereits erforschten Strahlungen, wie die materiellen Teilchen (Elektronen in Röntgen- oder Fernsehröhren) und die Wellen- und Quantenstrahlen ab und kommt zu der Feststellung, daß Erdstrahlen in diesen Kategorien nicht unterzubringen sind. Der Wissenschaftler führt die Vielfalt physikalischer Erscheinungen auf die drei fundamentalen Kräfte von Gravitation, Elektromagnetismus und Kernkraft zurück. Weitere »Wechselwirkung« über die drei genannten Grundkräfte hinaus schließt er aus.

Der Wissenschaftler vernachlässigt nicht die Untersuchung der Hypothese, Erdstrahlen seien vielleicht gar keine Strahlen im physikalischen Sinn, sondern nur Felder mit strahlenförmigem Verlauf der Kraftlinien. Er erinnert an das irdische Magnetfeld, das zwar örtlichen und zeitlichen Schwankungen unterliege, sich aber nur über größere Entfernungen und während astronomischer Zeitspannen ändere. Dabei entständen keine elektromagnetischen Strahlen.

Es erübrige sich auch ein Hinweis, »daß unterirdische Wasseradern – genau wie oberirdische Bäche oder Flüsse – völlig unmagnetisch« seien.

Das Fazit des Wissenschaftlers: Die Physik besitzt heute Meßinstrumente für alle in Frage kommenden Felder und Strahlungen, die sogar in der Lage sind, beispielsweise einzelne Alpha-Partikel oder Lichtquanten zu registrieren, wobei Erdstrahlen irgendwelcher Art sicher nicht verborgen bleiben würden.

Sehr zum Mißvergnügen vieler Wünschelrutengänger, deren Fähigkeit viel sensibler als jedes physikalische Meßinstrument beschrieben wird, kommt der Professor dann zu dem eher drastischen Vergleich, eine Wünschelrute besitze »die gleiche apparative Aussagekraft wie Kaffeesatz«.

Erdstrahlen jedenfalls spricht Löb jede wissenschaftliche Grundlage ab und verweist ihre Wirkungen in das Gebiet psychischer oder psychosomatischer oder suggestiver Kräfte.

Auch der Münchner Diplom-Physiker Karl Dirnagl, leitender akademischer Direktor am Institut für medizinische Balneologie und Klimatologie der Universität München, verneint die Existenz von Erdstrahlen und hält den Schluß auf einen Zusammenhang mit Krankheiten für unzulässig.[13]

Die Marburger Rechtsmedizinerin Professor Dr. med. Irmgard Oepen bemängelt, daß sich die angeblichen Erdstrahlen »weder durch Wünschelruten oder Pendel noch durch andere Verfahren reproduzierbar« ermitteln lassen. Sie wirft den Verfechtern der Erdstrahlen-Theorie vor, bei ihrer Argumentation Versuchsreihen des Physikers und Mitkonstrukteurs des Elektronenmikroskops, Brüche, und weitere Versuche von Professor Elbel vom Institut für Gerichtliche Medizin, Bonn, außer Betracht zu lassen.[13]

Bei den Versuchen Professor Elbels hatte der Bonner Privatdozent Dr. Otto Prokop mitgewirkt. Er war in seinem 1955 herausgebrachten Buch »Wünschelrute, Erdstrahlen, Wissenschaft« zu dem vernichtenden Urteil gekommen, bei der Rutendrehung sei alles Schwindel oder Einbildung, und die Rutengänger müßten psychiatrisch behandelt oder vor Gericht gestellt werden.

Wen wundert's, daß die Radiästheten die Meinung Prokops manchmal geflissentlich unter den Tisch fallenlassen. Käthe Bachler[16], eine couragierte Vertreterin der Rutengängerzunft, die wir noch kennenlernen werden, widerspricht energisch. Sie argumentiert, namhafte Wissenschaftler, wie z. B. Dr. med. Wüst[3] und Professor Dr. Walther, hätten bereits 1935 bzw. 1933 die Reproduzierbarkeit des Rutenausschlags bewiesen.

Nicht so zurückhaltend wie Professor Sauerbruch (vgl. Kapitel 4.6) war einer der Großen der Physik, der 1918 mit dem Nobelpreis für Physik ausgezeichnet wurde – Max Planck, der durch seine Quantentheorie ein Fortschrittskapitel der modernen Physik mitgeschrieben hat. Gegenstand des *Planckschen Strahlungsgesetzes* ist die Ausstrahlung elektromagnetischer Energie, die von Temperatur und Wellenlänge der Strahlung abhängig ist. Aber das ist für uns Nichtphysiker viel zu kompliziert. Uns erscheint vielmehr die Aufforderung Max Plancks an die Wissenschaft bemerkenswert, sie solle sich dem Phänomen der Erdstrahlen zuwenden.

3.3 Eine prominente Internistin: Dr. Veronica Carstens

Die Illustrierte HÖR ZU[14] glaubt auch bei manchen Vertretern der Schulmedizin eine Bewußtseinsveränderung in der Beurteilung von Erdstrahlen festgestellt zu haben.

Sie zitiert Professor Dr. Joseph Matzker, HNO-Chefarzt im Städtischen Krankenhaus Köln-Hohlweide, der nicht von der Hand weist, daß durch Erdstrahlen bestimmte Krebsarten entstehen können, weil sich die Strahlenwirkungen in den menschlichen Zellen jahrelang potenzieren können.

Dr. Peter Ries, Chef der Pathologie des Krankenhauses Hameln-Pyrmont, pflichtet bei: Im Prinzip könne jede chronische Erkrankung im Zusammenhang mit Erdstrahlen stehen.

Auch Professor Dr. Peter Plath, HNO-Chef an der Ruhr-Universität in Bochum, möchte einen gewissen Einfluß von Wasseradern auf den Allgemeinzustand des Menschen nicht von der Hand weisen und schließt nicht aus, daß »Veränderungen der Bettlage das Wohlbefinden des einzelnen positiv beeinflussen können«.

Stellen wir an den Schluß dieses Kapitels die Meinung einer Internistin, die ihre Worte in der Öffentlichkeit besonders sorgsam abwägen mußte. Es ist die ehemalige First Lady der Bundesrepublik, Frau Dr. Veronica Carstens.

In ihrer Begrüßungsansprache zur Eröffnung der Medizinischen Woche 1982 in Baden-Baden sagte sie einen Satz, der manchen ihrer Kollegen wohl verwunderlich in den Ohren geklungen hat:

»Wenn es stimmen sollte, daß bei allen möglichen Entstehungsformen von Krebs immer ein Faktor dabeisein muß – nämlich die Einwirkung von Erdstrahlen –, dann ist es nicht zu verantworten, diesem Phänomen nicht mit allen Mitteln der Forschung nachzugehen.«

4. DIE JAHRHUNDERT-ANGST: KREBS

4.1 Waren Erdstrahlen der Krebsauslöser? – Ein Todesfall, wie ihn schon viele erlebt haben

Sie war eine ausgesprochen schöne Frau. Groß, schlank und blond, von unbekümmertem Wesen. Wenige Tage vor ihrem Tod sah ich sie zum letztenmal. Ich nenne sie hier Pia.

»Sag ihr bitte nichts, sie soll es nach Möglichkeit nicht erfahren.« Ihr Mann ließ uns allein. Worüber sprechen? Hätte ich nur schon einen Anfang. Am besten irgend etwas Unverfängliches. Ich wurde noch unsicherer, als sie mich mit ihren graublauen Augen fragend ansah: »Er weiß es. Er muß es wissen. Vielleicht sagt er etwas, deutet etwas an. Alle hier im Haus spielen doch Theater. Jeder ›Besuch‹ ist auf Schweigen präpariert!«

Pia war früher der lebensfrohe Mittelpunkt unserer Clique. Alle hatte es wie ein jäher Blitz getroffen: Pia leidet an einem Lungen-Karzinom. Vor ein paar Wochen noch charmante Gastgeberin. Der ungewohnte Schal deutete auf kleines Ungemach. »Kleine Erkältung – vergeht wieder!«

Im Krankenhaus hatte man sie auf- und gleich wieder »zugemacht«, wie man bei uns sagt. Inoperabel. Sie starb wenige Wochen später.

Ein Wünschelrutengänger stellte fest, daß sich in Brusthöhe ihres Bettes zwei unterirdische Wasseradern kreuzten.

Viele kennen solche Fälle aus der eigenen Familie, dem Verwandten- oder Bekanntenkreis. Und wenn der Pfarrer am Grab dann in das Gebet auch jenen einschließt, der als nächster »abberufen« wird, so denkt fast jeder mit leichter Gänsehaut: Na, das muß ja nicht gerade ich sein!

Wenn er das Buch des Freiherrn von Pohl[15] über den Zusammenhang von Krebstodfällen und Wasseradern-

Kreuzungen unter der Schlafstätte gelesen hat, wird er sich vielleicht auch fragen, ob man nicht doch dem Schicksal in die Speichen greifen kann, indem man den Schlafplatz über den genannten Kreuzungen meidet.

4.2 Gibt es »Krebshäuser«? – Die Untersuchungen des Freiherrn von Pohl

Eigentlich war der Wünschelrutengänger Gustav von Pohl 1928 in die niederbayerische Stadt Vilsbiburg gekommen, um der dortigen Brauerei bei der Erschließung eines neuen Brunnens zu helfen.

Am 13. Februar 1929 sah man ihn dann aber in Polizeibegleitung mit dem ersten Bürgermeister im Schlepptau durch den knietiefen Schnee der Gärten schreiten. Vor sich hielt er eine sieben Millimeter dicke Wünschelrute aus massivem Messing und manchmal eine dünne Stahlrute.

Es ging um den Beweis, daß Erdstrahlen als Krebsursache in Frage kommen. Diese These vertrat der Freiherr und wollte nun am Beispiel der Krebstoten des 3300-Einwohner-Städtchens Vilsbiburg beweisen, daß Krebs nur bei Menschen auftritt, die in sehr stark »bestrahlten« Betten schliefen.

Freiherr von Pohl freute sich, in dem ersten Bürgermeister Brandel nicht nur einen verständnisvollen Förderer seines Plans, sondern auch eine kritische Überwachungsinstanz gefunden zu haben. So bestand der Bürgermeister darauf, daß von Pohl seine Ortsbegehungen nur in Begleitung eines Polizisten machte und daß die von ihm durch Wünschelrutenausschlag gefundenen unterirdischen Wasseradern an Ort und Stelle von einem beigegebenen zweiten Wünschelrutengänger nachvollzogen würden.

Der umsichtige Bürgermeister stellte auch einen Kontakt zu dem Vilsbiburger Bezirksarzt Obermedizinalrat Dr. Bernhuber her, damit anhand der Leichenschauscheine überprüft werden konnte, ob die Krebstodfälle in irgendeinen Zusammenhang mit den unterirdischen Wasseradern gebracht werden konnten. Wohlweislich mußte von Pohl sein Wasseraderngeflecht zunächst in eine Karte der Stadt einzeichnen, ohne daß ihm die Häuser mit Krebstoten bekannt waren. Erst nach Fertigstellung der Zeichnung erfolgte der Vergleich mit den Leichenschauscheinen der Krebstoten.

Von Pohl ging mit großer Akribie vor und konnte nicht nur die jeweiligen »Krebshäuser«, sondern sogar die Sterbezimmer und den genauen Standort der betreffenden Betten bezeichnen. Trotz des unfreundlichen Winterwetters und sehr zum Mißvergnügen des begleitenden Polizeibeamten arbeitete er vom 13. bis 19. Januar 1929 täglich acht bis neun Stunden lang, bis er seine »Krebs-Kartographie« der damals 565 Häuser umfassenden Stadt fertiggestellt hatte.

Das Fazit dieser wohl ersten Flächenuntersuchung bei Krebstodfällen: In den Jahren 1918 bis 1928 waren in Vilsbiburg nach den Leichenschauscheinen 48 Personen an Krebs gestorben. Aus der Erinnerung des Bürgermeisters kamen weitere sechs Fälle hinzu. Von Pohl konnte anhand seiner Karte nachweisen, daß alle Betten der 54 Krebstoten genau auf den von ihm eingetragenen Ausstrahlungsbereichen gestanden hatten.

Gewissenhaft, wie der Bürgermeister war, ließ er ein umfangreiches amtliches Protokoll anfertigen. Es trägt das Datum vom 19. Januar 1929 und endet mit der Schlußfolgerung: »Es wird hierdurch festgestellt, daß Freiherr von Pohl der ... Nachweis, daß Todesfälle an Krebs ausnahmslos in Häusern bzw. Zimmern bzw. Betten erfolgen, die über besonders starken unterirdischen Wasserläufen stehen, in vollstem Maße gelungen ist.«

Gustav von Pohl starb Mitte der dreißiger Jahre, nachdem er 1932 ein Buch über seine Forschungsarbeiten herausgebracht hatte. Es ist 1977 neu aufgelegt worden.[15]

Gibt es wirklich »Krebshäuser«? Der Sanitätsrat Dr. Hager aus Stettin ging ebenfalls dieser Frage nach und ließ sich vom Statistischen Amt in Stettin eine Liste der Krebstodfälle von 1910 bis 1931 vorlegen. Er ordnete die Sterbefälle den einzelnen Häusern zu und kam nach der Auflistung von 5348 Todesfällen zu folgendem Ergebnis (hier auszugsweise):

51 Häuser	mit je	5 Krebstoten	= 255
15 Häuser	mit je	6 Krebstoten	= 90
6 Häuser	mit je	7 Krebstoten	= 42
1 Haus	mit	8 Krebstoten	= 8
1 Haus	mit	9 Krebstoten	= 9
5 Häuser	mit je	10 Krebstoten u. mehr	= 190

Diese sicher nicht aktuellen Zahlen geben zu denken. Wer kann eigentlich noch ruhig schlafen, wenn er weiß, daß in seinem Haus, vielleicht sogar am gleichen Bettstandort, schon mehrere Menschen der tückischen Krankheit erlegen sind? Er sollte einen versierten Wünschelrutengänger zuziehen, ihm aber vorher nichts über das Sterbezimmer und den Bettstandort verraten. Wird eine durch Strahlen veursachte Reizzone festgestellt, wer wollte es dann noch verantworten, das Bett am gleichen Platz zu belassen?

Jahrzehnte sind seit der ersten Flächenuntersuchung des Freiherrn von Pohl vergangen. Man muß fragen, was in der Zwischenzeit geschehen ist und ob nicht geradezu eine moralische und menschliche Verpflichtung besteht, die Bevölkerung aufzuklären, wie Dr. Dieter Aschoff es in einem vielbeachteten Vortrag[15a] forderte.

Die Wissenschaft erkennt bekanntlich nur Blindversuche an. Die Untersuchungen von Pohl waren ganz sicher Blindversuche, denn er kannte die Sterbezimmer der Krebspatienten nicht, weil ihm die Sterbelisten erst später ausgehändigt wurden, und er nahm seine Untersuchungen außerhalb der »Krebshäuser« vor.

Der Freiherr wurde im Rahmen eines Chirurgenkongresses zu einem Vortrag nach München eingeladen, und

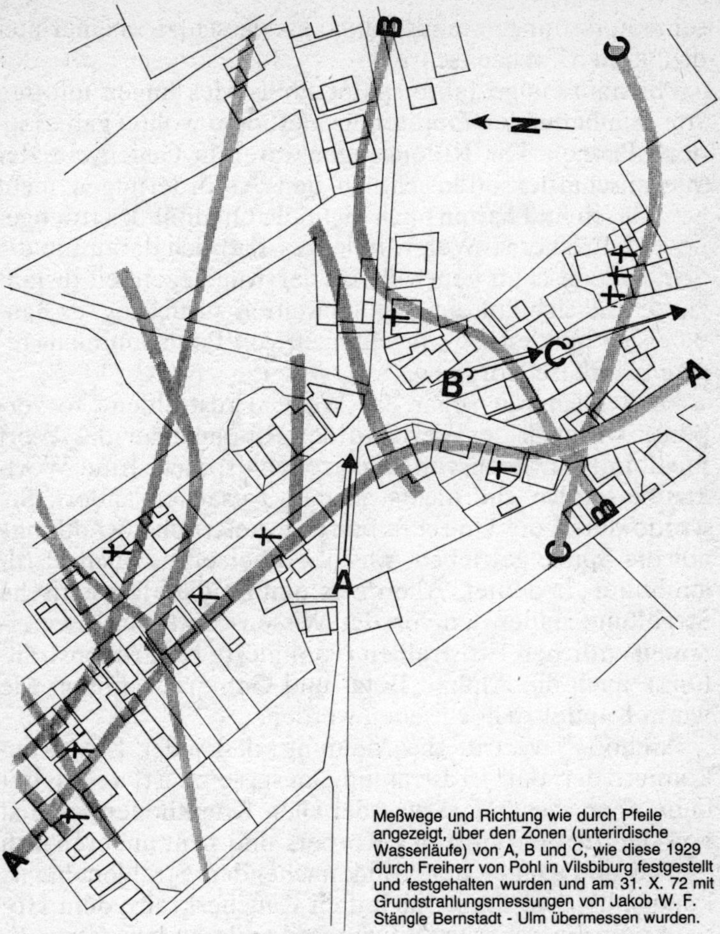

Abb. 8: Ausschnitt aus der Karte von Vilsbiburg. Entnommen aus: *Kann die offizielle Wissenschaft die Theorie von der Entstehung des Krebses auf Reizzonen heute noch ablehnen?* Vortrag von Dr. med. Dieter Aschoff, Wuppertal-Elberfeld. Dr. Aschoff ist insbesondere durch seinen Bluttest zur Früherkennung des Krebses bekannt geworden (vgl. Broschüre: *Wie verändert sich auf Reizzonen der elektromagnetische Zustand des Blutes* von Dr. med. Aschoff, Paffrath-Verlag, Remscheid 1978).

seine Forschungen fanden auch Niederschlag in einer medizinischen Fachzeitschrift.

Als man einige Jahre später Pohls Messungen mit den von ihm benutzten Geräten wiederholen wollte, gab es jedoch Pannen. Die Rutengänger waren in Gegenwart der Wissenschaftler offensichtlich den Anforderungen nicht gewachsen und hatten auch nicht die Qualität des rutengehenden Freiherrn. Wen wundert es, daß sich daraufhin die Schulwissenschaft generell von der Angelegenheit distanzierte und sich auf die Argumentation zurückzog, es handele sich bei den Untersuchungen von Pohls um nicht reproduzierbare Vorgänge.

Schließlich war sogar das Wort »Erdstrahlen« so verpönt, daß auch der Verband der Rutengänger das Wort mied und nur noch von »Reizzonen« sprach. Eine Wortklauberei also, die nichts an den Tatsachen ändert. Sie wurde durch die Umschreibung »terrestrische Strahlung« auf die Spitze getrieben, was ja – übersetzt – auch »Erdstrahlung« bedeutet. Allerdings umfaßt die »terrestrische Strahlung« außer den von der Wissenschaft meist negierten eigentlichen Erdstrahlen (veränderte Neutronenstrahlung), auch die Alpha-, Beta- und Gammastrahlung, wie wir in Kapitel 10 noch sehen werden.

Aschoff[15a] vertritt die Meinung, daß jeder Krebs bekommt, der der Erdstrahlung ausgesetzt ist, relativiert dann aber, dies hänge, wie bei allen Krankheiten, einmal von der Abwehrkraft des Körpers und zum anderen von Stärke und Dauer der krankmachenden Strahleneinwirkungen ab. Die Frage nach dem Raucherkrebs, dem Hodenkrebs der Schornsteinfeger und anderen berufsspezifischen Krebsen beantwortet er dahingehend, daß die genannten Chemikalien die menschlichen Zellen mutationsbereiter machen und diese Vorschädigung zu einer früheren Erkrankung auf Reizzonen führt.

Vilsbiburg »hätte das Thema einer von vielen Doktorarbeiten sein können«, fordert Dr. Aschoff, und zwar »ohne Kosten für die Wissenschaft. Doktorarbeiten werden nicht bezahlt.« Der Mediziner führt als Wahrheitsbeweis für die Blindversuche von Pohls auch die Tatsache an, daß der Freiherr eineinhalb Jahre nach seiner ursprünglichen Vermessung nach Vilsbiburg zurückkehrte und zwischenzeitlich weitere zehn Krebstote zu beklagen waren, die alle ihre Betten auf den eingezeichneten Wasseradern gehabt hatten.

4.3 Können Reizzonen wirklich krank machen?

Stellen Sie sich einmal vor, daß bei einem sensiblen (sensitiven) Menschen, der eine Wasserader überschreitet, die Wünschelrute mehr oder weniger stark ausschlägt. Bedenken Sie weiter, daß ein Wünschelrutengänger oft über Mattigkeit und leichten Kopfschmerz klagt, wenn er solche Versuche häufiger wiederholt, ohne Erholungspausen einzulegen.

Ist da die Schlußfolgerung nicht naheliegend, er könnte auch in seinem Wohlbefinden gestört sein, wenn er nächtelang einem solchen negativen Einfluß ausgesetzt wäre, etwa weil sein Bett zufällig über einer Wasserader oder gar Adern-Kreuzung steht?

Solche Reizzonen nennt man geopathische Zonen, weil von der Erde her ein krank machender Einfluß ausgeht. Man muß jedoch nicht von heute auf morgen krank werden; dieser »Einfluß« kann stark oder weniger stark sein.

Wie stark Rutengänger reagieren, konnte man bei einer Rutengängerin in Bayreuth beobachten, deren Pulsfrequenz während ihrer Tätigkeit von 90 auf 200 anstieg – und dies in Sekundenschnelle. Er normalisierte sich danach rasch wieder auf 100[16]. Natürlich kann man kritisch anmerken: Auch bei anderen Tätigkeiten, die höchste Konzentration erfordern, oder in Streßsituationen, wird der Pulsschlag ansteigen, insbesondere wenn andere Menschen erwartungsvoll zuschauen.

Sind also viele Krankheiten letztlich ein »Standortproblem«[17] von Ruhelager oder Arbeitsplatz? Dr. Hartmann aus Eberbach hat ein Buch darüber geschrieben, und der Heilpraktiker Manfred Köhnlechner[18] pflichtete bei: »Dem Risikofaktor Standort muß mehr Aufmerksamkeit gewidmet werden als in vergangenen Zeiten.«

Wer jahrelang oder gar jahrzehntelang seine Schlafstätte über einer Reizzone hat, muß sich bei durchschnittlich achtstündiger Schlafdauer darüber im klaren sein, daß er nach 30 Jahren die lange Zeitspanne von 10 Jahren ununterbrochen »bestrahlt« worden ist. Auch wer nicht die Sensibilität eines Wünschelrutengängers besitzt, sollte ein hohes, wenn nicht gar tödliches Gesundheitsrisiko einkalkulieren.

4.4 Die Protokolle der Wünschelrutengänger über Krankheitsfälle

In der Bundesrepublik dürfte es etwa 2000 Rutengänger geben. Frauen sind weniger darunter. Zu Hilfe werden sie meist gerufen, wenn irgendwo ein Brunnen gebohrt werden soll. Mehr sind ihre Dienste jedoch neuerdings aus gesundheitlichen Gründen gefragt. Es hat sich herumgesprochen, daß Krankheiten durch Erdstrahlen ausgelöst werden können.

Zweifler halten es dabei wie in Glaubensdingen: Man weiß ja nie, ob nicht doch etwas dran ist. Also ist die Religionszugehörigkeit so eine Art Risikoversicherung für ein eventuelles Leben danach.

Die Mutung des Wünschelrutengängers aber ist eher eine Versicherung für das diesseitige Leben, auf daß es möglichst lange dauere und nicht durch ein zufällig auf einer Wasseradernkreuzung stehendes Ruhebett abgekürzt werde.

Vielleicht haben Sie im Fernsehen den als Einsiedler im Allgäu lebenden Ordensmann gesehen – die Reportage wurde im frühen Winter 1985 gesendet –, der zwei Baugrundstücke im Allgäuer Land mit der Wünschelrute abschritt, eines für strahlenfrei befand und beim zweiten Ratschläge gab, wie man den Strahlungszonen am besten ausweiche.

Es gibt bändeweise Veröffentlichungen von Rutengängern, die ihre Erfahrungen niedergelegt haben. Leider sind es meist die Protokolle von Krebstodfällen – für eine Sanierungsmaßnahme ist es dann zu spät. Nicht selten aber ist der erste Krebstote in einer Familie doch auslösendes Moment für eine generelle Untersuchung des Grundstücks.

Wie in jedem Beruf, so muß auch bei den Wünschelrutengängern davon ausgegangen werden, daß eine gewisse Quote auf Nichtskönner und Scharlatane entfällt. Diese Quote könnte sogar besonders hoch sein. Eine schlecht reparierte Wasserleitung des Klempners oder den falsch gepolten Anschluß eines Elektrikers kann man nachweisen. Bei Sanierungsmaßnahmen an strahlengefährdeten Grundstücken ist dies schon schwieriger.

Auch Rutengänger, die nichts veröffentlicht haben, pflegen eine nicht für jedermann zugängliche Kartei über die von ihnen untersuchten Krebs- und andere Krankheitsfälle anzulegen.

Überhaupt sollte man einen Rutengänger, der in ein Haus gerufen wird, zunächst einmal gewähren lassen. Versteht er etwas von seinem Fach, so wird er schon ohne nähere Kenntnis der örtlichen Umstände sagen können, wo Wasseradern in ein Gebäude einmünden und austreten und sich gegebenenfalls kreuzen. Fallen diese Kreuzungspunkte in das Sterbezimmer, ja sogar in das Bett des an Krebs verstorbenen Angehörigen, so dürfte der Rutengänger auch in den Augen eines Skeptikers Überzeugendes geleistet haben.

In einem solchen Fall sollten die Möbel umgestellt und die Betten außerhalb der Reizzone aufgestellt werden.

Zahlen Sie dem Rutengänger sein Honorar, seien Sie aber zurückhaltend, wenn er Ihnen ein sogenanntes Entstörgerät verkaufen will. Diese Skepsis ist angebracht, wie wir später noch sehen werden. Sie sollten sich in keinem Fall auf ein solche Gerät verlassen, sondern eine Umstellung der Betten immer vorziehen.

Aber kommen wir jetzt zu den Protokollen der Rutengänger über Krankheitsfälle. Sie lesen sich in einschlägigen Büchern, wie das bei Statistiken nun einmal ist, meist eher langweilig und ermüdend. Aber sie sind die Dokumentation eines Autors über seine Arbeit, die oft von Sendungsbewußtsein getragen wird.

Die österreichische Pädagogin Käthe Bachler hat ihre Erfahrungen als Rutengängerin bei mehr als 3000 Wohnungs- und Arbeitsplatzuntersuchungen in einem Buch[16] niedergelegt.

Die engagierte Autorin, die unter anderem auch Gelegenheit hatte, am Krebs-Kongreß 1979 in Baden-Baden teilzunehmen, konnte selbst bei über 500 Fällen von Krebs den Einfluß einer Störzonen-Kreuzung ausmachen. Sie berichtet von regelrechten »Krebsplätzen«. Mehrere Menschen erkrankten entweder an gleicher Stelle im gleichen Stockwerk nacheinander an Krebs, oder aber in verschiedenen Stockwerken, allerdings an genau übereinanderstehenden Schlafplätzen. Frau Bachler behauptet nicht, über *jeder* Störzonen-Kreuzung entstehe Krebs, stellt aber mit Entschiedenheit fest, daß sie »bei allen Krebskranken eine Störzonen-Kreuzung« vorgefunden habe. Die Rutengängerin behauptet auch keinesfalls, eine Störzonen-Kreuzung sei *allein* Auslöser der Erkrankung, da auch andere Faktoren eine Rolle spielen; an der Mitbeteiligung der Störzonen-Kreuzung läßt sie allerdings keinen Zweifel. Wenn schon von der modernen Krebsforschung erkannt sei, daß die Abwehr des Körpers angeregt werden müsse – so die Rutengängerin –, dann solle man durch das Meiden von Störzonen die Abwehrkraft des Körpers steigern.

Der schon in Kapitel 2.3 erwähnte Mediziner Dr. Hartmann aus Eberbach setzte bei seinen Versuchen auch ein UKW-Feldstärke-Meßgerät ein. Er konnte den Sitz des Krebses genau lokalisieren, und zwar dort, wo sein Gerät scharfe Veränderungen in der Feldstärkemessung anzeigte.[17]

Außerdem konnte Dr. Hartmann oberhalb der »bestrahlten« Stellen manchmal Deckenrisse feststellen.

Der Rutengänger Georg Otto[19] kann die Vermutung, daß es sogenannte »Krebshäuser« gibt, nur bestätigen. Er berichtet von einer Untersuchung, die er im oberen Stockwerk eines fünfstöckigen Altbaus in München durchführte. Eine Witwe hatte ihn dorthin gebeten. Doch er konnte sie beruhigen. Ihre Schlafstätte war einwandfrei. Das Bett daneben wurde von einer Wasserader mit enorm hohen Werten durchlaufen.

Es stellte sich heraus, daß in diesem Bett der vor zwei Jahren an Krebs verstorbene Ehemann geschlafen hatte. Fünfzehn Jahre hatte es gedauert, bis die Krankheit aus-

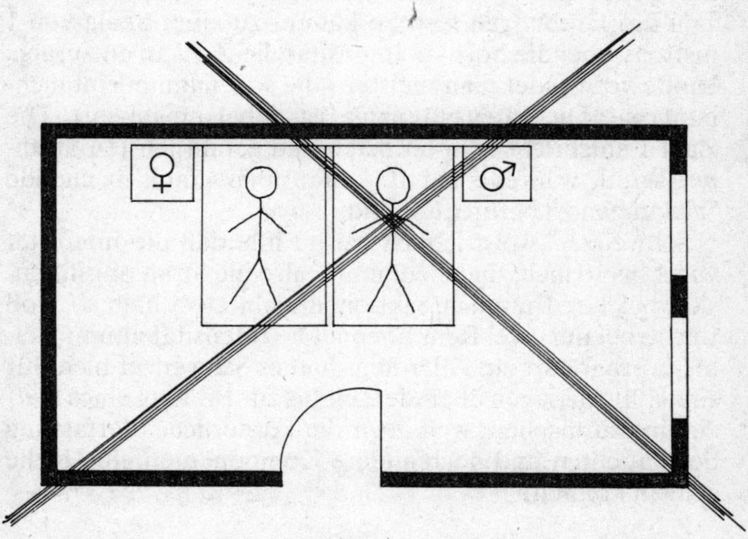

Abb. 9: Die nicht maßstabgerechte Zeichnung zeigt eine Wasseradern-Kreuzung in Brusthöhe des Bettes des Ehemannes. Solche Konstellationen sind symptomatisch für ein Lungen-Karzinom.

brach. Nun erzählte die Witwe weiter: In der Wohnung über uns wohnt eine junge Frau mit Brustkrebs im Endstadium; in der Wohnung unter uns ein junger Mann von dreißig Jahren mit Magen- und Darmkrebs.

Nachforschungen ergaben, daß die Betten aller drei Erkrankten in drei Stockwerken ungefähr übereinanderstanden.

Im geschilderten Fall hatte es fünfzehn Jahre gedauert, bis der Ehemann, dessen Bett auf einer Wasserader stand, an Krebs verstarb. Das ist eine sehr lange Zeit. Radiästheten haben festgestellt, daß – je nach Intensität der Erdstrahlung – ein Tumor schon nach einem halben Jahr entstehen kann.

Wie ermitteln die Wünschelrutengänger nun die Intensität einer Strahlung? Der Freiherr von Pohl verwendete eine rotierende Rute und legte die Intensität je nach Anzahl der Drehungen fest. So kam er zu einer Skala von 1 bis 16, wobei die höchste Intensität die Zahl 16 entsprach. Heute verwendet man meistens die sogenannte Eintauchmethode. Die Intensitätsskala ist dabei umgekehrt. Die Zahl 1 entspricht dem höchsten und gefährlichsten Strahlungsgrad, während bei 10 kaum noch krank machende Wirkungen zu befürchten sind.

Schweitzer[9] weist jedoch darauf hin, daß die Intensität von 1 bis 10 nicht linear zunimmt, also die Strahlungsintensität bei vier Eintauchreaktionen nicht etwa halb so groß ist wie bei nur zwei Reaktionen. Die Intensität nimmt vielmehr progressiv zu. Allerdings hält es Schweitzer nicht für sinnvoll, Aussagen über die Zeit bis zur Bildung eines Karzinoms zu machen, weil auch die körperliche Verfassung des Patienten und noch andere Komponenten eine Rolle spielen können.

4.5 Das Thema »Erdstrahlen« als Bundestagsdrucksache

Die Berichte aufgeschlossener Wissenschaftler, Ärzte und insbesondere der Wünschelrutengänger haben mittlerweile zu einer öffentlichen Diskussion über die geopathogenen Wirkungen von Erdstrahlen geführt.

So gab es im Sommer 1985 unter Durcksache 10/2266 [19a] eine Große Anfrage der Abgeordneten Petra Kelly und der Fraktion der Grünen über die Verhütung und Behandlung von Krebserkrankungen im Erwachsenenalter.

Die Bundesregierung hat am 24. 7. 1985 (Drucksache 10/3675) durch die Staatssekretärin im Bundesgesundheitsministerium umfassend geantwortet.

Sie geht schon unter Ziffer 2 ihrer parlamentarischen Replik auf das Phänomen der Erdstrahlen ein, verweist auf fundierte Veröffentlichungen von Naturwissenschaftlern und Physikern und auch darauf, daß das Energieministerium der USA für den diesbezüglichen Forschungszweig verstärkt Fördermittel beantragt habe.

Es folgt der Hinweis, daß der naturwissenschaftliche Nachweis von Erdstrahlen, die schon den alten Römern bekannt waren, bisher nicht gelungen ist und auch gesicherte statistische Daten über eine vom Standort abhängige Häufung von Krebserkrankungen nicht vorliegen.

Die Bundesregierung verkennt jedoch nicht die Bedeutung, die das Phänomen Erdstrahlen mittlerweile in weiten Bevölkerungskreisen gefunden hat, und wird daher dem Problem der Erdstrahlen im Rahmen eines »Gesamtprogramms zur Krebsbekämpfung« nachgehen.

Schon 1981 ist eine Arbeitsgruppe »Unkonventionelle Methoden der Krebsbekämpfung« gegründet worden, die sich u. a. mit dem Thema Krebsentstehung durch Reizzonen (Erdstrahlen) befaßt. Die Arbeitsgruppe setzt sich aus Vertretern der forschenden medizinischen Fachdisziplinen Immunologie, Pharmakologie, Medizinische Soziologie, Biochemie, Physiologie, Biomedizinische Statistik, Röntgenologie und Gerichtsmedizin zusammen. Es gehören aber auch Experten dazu, die in der Praxis Erfahrungen mit klinisch allgemein noch nicht anerkannten Methoden sammeln konnten.

So bemerkenswert die Forschungen des Freiherrn von Pohl (vgl. Kapitel 4.2) auch sind, es ist nur zu verständlich, daß sie nicht im wissenschaftlichen Sinne als ultima ratio gewertet werden können. Weil aber Befürworter und Gegner der Erdstrahlentheorie an einem Tisch sitzen, kann man davon ausgehen, daß kein Gesichtspunkt außen vor bleibt.

Schon Monate zuvor hatte Bundesfamilienminister Heiner Geißler im Pressedienst seines Hauses (Verlautbarung vom 24. Juli 1985, Nr. 102) seine stetige Aufgeschlossenheit gegenüber neuen und auch unkonventionellen Krebstheorien bekundet, gleichzeitig aber auf nicht nachgewiesene Zusammenhänge zwischen Tumorentstehung und sogenannten Erdstrahlen und geopathischen Zonen hingewiesen. Wegen der ständig in der Diskussion befindlichen und bei den Bürgern immer wieder für Beunruhigung sorgenden Erdstrahlen werde jedoch die Bundesregierung bemüht sein, auch dieses Problem einer Klärung näherzubringen. So der Minister.

Bonn ließ Taten folgen. Das staatlich geförderte Projekt »Erdstrahlen« übernahm die Sektion Physik der Universität München. Im Frühjahr 1986 schrieb mir der zuständige Professor Dr. H. Betz, daß erst Pilotstudien vorlägen, die noch nicht aussagekräftig seien. Die eigentlichen Experimente hätten noch nicht begonnen.

Mittlerweile ist das Projekt abgeschlossen. Die beiden Professoren H. L. König und H.-D. Betz haben darüber ein Buch veröffentlicht, auf das ich in Kapitel 20 näher eingehe[19b]. Danach haben wissenschaftliche Experimente mit Rutengängern ergeben, »daß deren bisher umstrittene Fähigkeit mit sehr hoher Wahrscheinlichkeit real ist«.

Grenzwissenschaftliche Bereiche werden in der Bundesrepublik häufig etwas stiefmütterlich behandelt. So gibt es nur einen Lehrstuhl für Parapsychologie an der Universität Freiburg, den der durch seine Auftritte bei sogenannten »Spukfällen« weithin bekannt gewordene Professor Bender lange Jahre innehatte. Mir scheint, daß der Komplex »Erdstrahlen« wissenschaftlich leichter in den Griff zu kriegen sein wird als die Phänomene der Parapsychologie. Erfreulich ist daher der offizielle Forschungsauftrag an einen anerkannten Wissenschaftler. Die Bundesrepublik kann nicht hintanstehen, wenn die USA und insbesondere die ehemalige Sowjetunion diese geheimnisvolle Mikrowellenstrahlung – volkstümlich »Erdstrahlen« genannt – ernst nehmen. In Kapitel 15 werden Sie lesen, daß man auch in Polen die gesundheitsschädigende Wirkung auf Kreuzungspunkten von Mikrowellenstrahlung erkannt hat. Es ist eine Änderung des polnischen Baurechts geplant. Bei Bauvorhaben von Kinderkrippen, Kindergärten und Schulen wird künftig grundsätzlich ein radiästhetisches Gutachten den Bauunterlagen beizufügen sein.

4.6 Warum schwieg Professor Sauerbruch?

Als Ferdinand Sauerbruch noch Arzt am Kantonsspital in Zürich war, soll er nach drei mysteriösen Todesfällen seine Mitarbeiter und Schwestern zum Stillschweigen verpflichtet haben.

Was war geschehen? In nicht allzu großem zeitlichen Abstand waren drei Schwestern, die alle im gleichen Zimmer das gleiche Bett gehabt haben, an Brustkrebs gestorben.

Sauerbruch hatte schon damals den Verdacht geopathischer Einflüsse, denn er ließ einen Wünschelrutengänger das Zimmer vermessen. Der Radiästhet stellte eine Wasserkreuzung exakt unter dem oberen Teil des Bettes fest, in dem die Verstorbenen geschlafen hatten.

Man darf rätseln, weshalb Dr. Sauerbruch das tragische Geschehen vor der Öffentlichkeit verbarg. Fürchtete er den Spott der Fachkollegen, wenn er sich zum Fürsprecher der These gemacht hätte, daß Reizzonen über Wasseradernkreuzungen krebsauslösend sein können?

Schon mehrfach mußten forschende Mediziner erkennen, wie langsam sich eine neue Erkenntnis Bahn bricht. Der junge Wiener Dr. Ignaz Philipp Semmelweis, Entdekker des Erregers von Kindbettfieber, dem Abertausende von Frauen ihr Leben verdanken, zerrieb sich in Querelen mit Kollegen. Er hatte festgestellt, daß die Sterblichkeit der jungen Mütter besonders hoch war, wenn sie von Ärzten betreut wurden, die nicht desinfiziert aus der Pathologie ans Wochenbett kamen. Semmelweis war nicht sehr diplomatisch. In seiner direkten Art fiel es ihm schon schwer, wenigstens einen Teilerfolg durchzusetzen: Er brachte schließlich seine Kollegen dazu, nach Rückkehr aus der Pathologie zumindest die Hände kurz in einen Behälter mit Desinfektionsflüssigkeit zu tauchen. Die Sterblichkeitsrate der jungen Mütter reduzierte sich daraufhin drastisch.

Schon Schopenhauer hatte erkannt, daß jede neue Erkenntnis sozusagen ein Dreiphasen-Stadium durchläuft. Zunächst wird sie verlacht und verspottet, dann bekämpft, und im dritten und letzten Akt schlägt man sich dann fragend vor den Kopf: »Warum haben wir das nicht schon früher erkannt?«

Als Sauerbruch dann später die weltberühmte Kapazität an der Berliner Charité war, gab er seinen frisch operierten Krebspatienten eine Empfehlung mit. Er riet, sich nicht wieder in das Bett zu legen, in dem sie krank geworden waren.

4.7 Ein Test mit Kranken: Werden sie von »Reizzonen« regelrecht angezogen?

Eine Gruppe von Radiästheten befand sich auf einem Lehrgang und hatte während dieser Zeit die Bekanntschaft eines älteren Ehepaares gemacht, von denen beide Partner krebskrank waren.

Man beschloß, einen Versuch zu machen und dabei die beiden Erkrankten ohne ihr Wissen einzubeziehen.

Versuchsort war ein in der Nähe gelegenes Café, wo man zuvor genau in der Mitte des Aufenthaltsraumes eine starke »Krebskreuzung« ausgemacht hatte. An dieser Störzone stand auch ein Tisch.

Ein Forscher wagte die Prognose: »Sie werden sehen, ausgerechnet an dem einzigen ›bestrahlten‹ Tisch im ganzen Aufenthaltsraum werden die alten Herrschaften Platz nehmen!« Es regte sich Widerspruch, denn es gab noch weitere leere Tische im Raum, worunter sich auch allgemein bevorzugte Eckplätze mit guter Sicht befanden.

Man ließ den beiden Leuten den Vortritt, damit sie die freie Tischwahl hatten. Die Vorhersage traf prompt ein. Ausgerechnet an dem einzigen Tisch, der in einer Störzone stand, ließen sie sich nieder, obwohl er mitten im Raum stand und keinesfalls als begehrt gelten konnte.

Der Rutengänger Georg Otto[19] berichtet von einer Kosmetikerin, deren Haus er untersuchte. Im Schlafzimmer des Obergeschosses befand sich die Kreuzung zweier Wasseradern, die unglücklicherweise durch die Betten verliefen.

Nun hatte die ratsuchende Frau den Sitzplatz im Wohnzimmer ein Stockwerk tiefer, an dem sie sich vorwiegend aufhielt, genau unterhalb ihres Bettes im Obergeschoß gewählt. Es wäre nun schon der dritte Zufall gewesen, als der Rutengänger feststellen mußte, daß auch der Arbeitsplatz der Kosmetikerin im Untergeschoß sich in der bestrahlten Ecke befand.

An so viele Zufälle möchte Otto nicht glauben. Er ist vielmehr der Meinung, daß manche Menschen regelrechte Strahlensucher sind und unbewußt Ruhe- und Arbeitsplätze in Störzonen wählen.

Umgekehrt ist von Kleinkindern und Säuglingen ein Ausweichen vor der schädlichen Strahlung wiederholt festgestellt worden. Käthe Bachler[16] kennt Fälle von Kleinkindern, die aus ihrem »gestörten« Bett regelrecht flüchteten oder sich dicht an die Gitterstäbe der einen Seite eines Gitterbettes preßten und sogar Arme und Beine heraushängen ließen, nur um dem Strahleneinfluß in dem anderen Teil des Bettes instiktiv auszuweichen.

4.8 Warum machen Reizzonen krank?

Wüßte man eine eindeutige Antwort auf diese Frage, ja wäre schon wenigstens wiederstandslos und aus Überzeugung akzeptiert, daß Reizzonen überhaupt krank machen, es könnte der Menschheit viel Leid erspart bleiben. Wie aber soll sich eine klare Antwort finden lassen, wenn schon der Wirkungsmechanismus der Wünschelrute umstritten ist?

Auch ist erörternswert, ob eine Reizzone allein auslösendes Moment der Krebskrankheit sein kann oder ob sie nur letztlich das zweite hinzukommende Faktum ist. Etwa bei einem Menschen, der beruflich mit kanzerogenen (krebserzeugenden) Stoffen hantieren muß. Oder etwa bei einem Menschen, dessen Organismus durch andere Umstände schon so geschwächt ist, daß es nur noch eines kleinen auslösenden Quentchens bedarf, um die Krankheit ausbrechen zu lassen.

Käthe Bachler[20] bringt die Theorie eines Salzburger Arztes, die bei den bioelektrischen Vorgängen des Stoffwechsels im menschlichen Körper ansetzt. Die Nahrungsaufnahme bzw. Weitergabe vom Darm in die Blut- und Lymphbahn erfolgt durch einen Vorgang, den man Polaritätsdifferenz nennt. Eine Seite der Zellmembrane nennt der Arzt »Plus-Zellen« und die andere Seite »Minus-Zellen«. Der Ausgleich zwischen Plus und Minus bringe zugleich den Ausgleich (Transport) der Nahrungsstoffe zuwege. Über Reizzonen aber sei die Polarität der Gewebezellen und mithin die Diffusion gestört.

Mayer/Winkelbaur[21] verweisen u. a. auf die Experimente des amerikanischen Chemikers Melvin Calvin, der

1974 den Nobelpreis für Chemie erhielt. Calvin hat Gewebezellen von Hamstern mit dem als krebserzeugend bekannten Teer bestrichen. Krebs entstand bei seinen Versuchen aber erst, wenn er zusätzlich Strahlung auf die Zellen einwirken ließ. Der menschliche Organismus habe sich an die »harte Strahlung«, die ihn aus Erde und Kosmos trifft, gewöhnt, so die Verfasser, nicht aber an die schwache Erdstrahlung. Zellschäden durch energiereiche Schäden könne der Körper unter gewissen Bedingungen reparieren, aber die minimale Dosis der Erdstrahlen sei geeignet, »Zellnachrichten« zu beeinflussen, wenn die gleiche Frequenz und eine Phasenverschiebung von 180 Grad gegeben seien.

»Zellnachrichten« bezeichnen Mayer/Winkelbaur als eine Art »Lichtwellenleiter-Telefon«. In der Krebszelle sei der Genträger DNS (Desoxyribonukleinsäure) linksdrehend, in normalen Zellen aber rechtsdrehend. Eine störende Zellnachricht bewirke, daß die (gesunde) rechtsdrehende Doppelhelix zu einer (kranken) linksdrehenden Gegenrichtung umgepolt werde.

An dieser Stelle möchte ich einschieben, daß die Begriffe »linksdrehend« und »rechtsdrehend«, die im Kapitel 7.3 noch eingehend erläutert werden, bei der Krebsentstehung wahrscheinlich eine große Rolle spielen. Nehmen Sie bitte vorläufig mit dieser knappen Erklärung vorlieb, wenn sie sich gedanklich mit der von Mayer/Winkelbaur vorgetragenen Hypothese auseinandersetzen.

Ich möchte jetzt aber noch einmal aus dem eher spekulativen, hypothetischen Bereich heraustreten und Ihnen die Gedanken vorlegen, die sich der Wissenschaftler Dr. Bernd Ramm, Universitätsdirektor an der Freien Universität Berlin, und der Stuttgarter Arzt Dr. Lochner zum Krebsproblem gemacht haben. Vorweg sei gesagt, daß dies nicht im Hinblick auf Erdstrahlen geschehen ist, denen die Verfasser in ihrem Buch[12] keine wissenschaftliche Beachtung schenken.

Ramm/Lochner bekennen offen, daß in der Wissenschaft umstritten ist, inwieweit bei Entstehung von Krebs

Strahlung eine Rolle spielt; die krebsauslösenden Mechanismen überhaupt sind nach wie vor unbekannt[22]. Reicht schon die Schädigung einer einzigen oder weniger Körperzellen für die verhängnisvolle »Kettenreaktion«, die zum Tode führt?

Nun geben Ramm/Lochner zu bedenken, daß der menschliche Körper zu 70 Prozent aus Wasser besteht. Wenn aber ionisierende Strahlung auf Wasser trifft, entstehen die sog. Wasserstoffradikale. Das sind starke Zellgifte[23].

Wäre es abwegig anzunehmen, daß Erdstrahlen als von der Grundstrahlung angeregte Mikrowellenstrahlung eine ähnliche Wirkung auf Körperzellen ausüben wie die von Ramm/Lochner beschriebene ionisierende Strahlung? Wenn die Wissenschaft die krebsauslösenden Mechanismen herausgefunden hat, wird sich möglicherweise auf diese Frage eine Antwort finden.

Wie beruhigend ist doch die Vorstellung, daß pro Tag nur 30 Zellen von schätzungsweise 300 Billionen täglich neu gebildeter Zellen nicht intakt sind. Die körperlichen Abwehrkräfte werden mit diesen 30 Ausschußzellen allemal fertig, immer vorausgesetzt, das Immunsystem ist intakt.

Dr. med. Peter Schleicher[24] hält allerdings das körperliche Immunsystem nicht nur durch Gifteinwirkungen von Nikotin, Teer und Pestiziden, sondern auch durch kosmische Konstellationen für besonders gefährdet. Er nennt hierfür sogar eine Jahreszeit: etwa Ende August bis zu den ersten Frostnächten, weil dann die elektromagnetischen und elektrodynamischen Faktoren, die auf das Immunsystem einwirkten, so verändert seien, daß es runde 30 % vermindert reagiere. Diese These gründe sich auf Forschungen von Professor Madelaine Barnothy[25].

Bemerkenswert ist, daß auch diese Forscherin einen Zusammenhang zwischen der Entstehung von Krebs und elektromagnetischen Einflüssen nicht ausschließt.

Es sei auch auf die Forschungen des französischen Ingenieurs Cody in Le Havre in den dreißiger Jahren hingewiesen. Er stellte mit zwei Elektroskopen oberhalb von sogenannten »Krebsbetten« – und zwar durchgehend vom Keller bis zum Dachboden des betreffenden Hauses – eine Ionisation der Luft in einem schmalen Streifen fest, die bis zu hundertmal stärker als normal war[26].

Bei über 10000 Messungen ergab sich eine im Tagesverlauf schwankende Ionisation, die um die Mittagszeit am schwächsten, nachts aber am stärksten war.

Cody konnte jahreszeitlich bedingte Schwankungen bei der Ionisation feststellen, ähnlich wie Barnothy bei den elektrisch-magnetischen Feldern.

Wenn die Intensität der Ionisation nachts am stärksten ist, wird man folgern dürfen, daß ein Schläfer in einer Störzone einer intensiveren Bestrahlung ausgesetzt ist als jemand, der tagsüber seinen Arbeitsplatz in einer Störzone einnehmen muß.

Dr. rer. nat. Paul Schweitzer[27] widerlegt die Theorie, daß Krebs durch die angeblich über Wasseradern anomal hohe Aktivität von ionisierender Strahlung ausgelöst werden könnte. Seine Argumente: Die ionisierende Strahlung aus natürlicher Radioaktivtät in der Erde tritt nicht nur über Wasseradern, sondern auch an anderen Stellen mit örtlichen Schwankungen auf. Deshalb müßte es auch an anderen Stellen zu Krebsfällen kommen. Dem hält Dr. Schweitzer entgegen, daß in allen Krebsfällen, die nicht durch große Dosen krebserzeugender Gifte bedingt sind, eine Reizzone am Schlafplatz mit im Spiel ist. Genauer gesagt: eine Reizzone mit linkszirkularer Polarisation. Weil aber nur 70 bis 80 Prozent der Wasseradern *links*zirkular polarisieren, kann bei den übrigen Wasseradern, den *rechts*zirkular polarisierten, kein Krebs auftreten. Logik: Wäre die ionisierende Strahlung an sich schon krebserzeugend, so könnte sie natürlich nicht über allen Wasseradern vorkommen, sondern nur über jenen 70 bis 80 Prozent der Wasseradern, die linkszirkular gerichtet sind.

Das ist alles ein wenig kompliziert, weil wir uns noch

nicht mit *links* und *rechts* gerichteter Polarisation beschäftigt haben. Erst wenn wir dieses Gebiet näher erschlossen haben, können wir die Gedanken von Dr. Schweitzer besser verstehen.

Um es kurz zu machen: Nach Dr. Schweitzer ist die Ionisierung der Strahlung über Wasseradern nicht der Krebsauslöser, sondern die »nichtthermische Wirkung bestimmter radiästhetisch meßbarer Felder«.

5. ANDERE KRANKHEITEN UND SCHWIERIGKEITEN – AUCH HIER ERDSTRAHLEN ALS AUSLÖSER?

5.1 Der plötzliche Säuglingstod

Sie alle haben schon davon gelesen oder kennen Fälle aus Ihrem Bekanntenkreis: Als die junge Mutter das letzte Mal nach ihm sah, war ihr Säugling noch quicklebendig und dann – sozusagen von einer Sekunde auf die andere – Herzstillstand!

Die Zahl dieser rätselhaften Babytodfälle wird in der Bundesrepublik auf rund 300 Jahr für Jahr geschätzt.

Leichenöffnungen ließen Pathologen zu dem Schluß kommen, eine Lähmung des Atemzentrums müsse als Todesursache angenommen werden. Radiästheten untersuchten, ob nicht auch Erdstrahlen, also krank machende Einflüsse aus der Erde, beim plötzlichen Säuglingstod eine Rolle spielen könnten. Wenn schon ein abgehärteter älterer Organismus auf Dauer durch geopathogene Einflüsse geschädigt werden kann, so ist es geradezu naheliegend, daß Reizzonen bei dem unabgehärteten frühkindlichen Organismus katastrophale Schäden auslösen können.

Dr. Schweitzer ist in seinem vorzüglichen Buch *Neue Erkenntnisse zum Verständnis der Geopathie*[9], das demnächst in aktualisierter Auflage erscheinen wird, der Frage des »Sudden Infant Death Syndrom«, wie der plötzliche Säuglingstod wissenschaftlich heißt, nachgegangen. Er schließt nicht aus, daß die am genannten Syndrom verstorbenen Säuglinge durch spezifische Wellenlängen in Reizzonen vorgeschädigt worden sind. Durch Messungen mit der Lecher-Antenne (vgl. Kapitel 7.2.2) konnte er verschiedene für Wasseradern-Schwerpunktzonen typische Einstellwerte ermiteln. Zwei dieser Werte waren in ihrer Wellenlänge linkszirkular und ein Wert rechtszirkular polarisiert. Wenn Sie sich über die Bedeutung der Polarisation schon jetzt informieren möchten, empfehle ich, vorab Kapitel 7.3 zu lesen.

Nach Dr. Schweitzer kommt aber mit großer Wahrscheinlichkeit das »gleichzeitige Auftreten der vier charakteristischen Wellenlängen der vier Gittersysteme« (vgl. Kap. 9) als auslösender Faktor des plötzlichen Säuglingstodes in Frage.

Über die Gittersysteme informieren Sie sich ebenfalls später. Nehmen Sie aber jetzt schon zur Kenntnis, daß man jeweils im Kopfbereich des Säuglingsbettes ein radiästhetisch äußerst seltenes Phänomen feststellen konnte: Es kreuzten sich mehrere Wasseradern-Schwerpunktzonen und sieben oder acht Doppelzonen der vier Gitternetze. Dieser sehr seltene Umstand erklärt vielleicht, weshalb in der Bundesrepublik jährlich »nur« 300 Kleinstkinder plötzlich dahingerafft werden.

Käthe Bachler[16] gibt den Rat, bei Kindern, die viel schreien und weinen, einmal eben auf gut Glück die Wiege zu verrücken oder aber als Standort einen Platz zu wählen, an dem sich ein Hund niederläßt. Bekanntlich ist der Hund ein Strahlenflüchter und wird sich instinktiv nie einen Platz suchen, an dem sich die beschriebene regelrecht katastrophale Massierung geopathogener Ausflüsse bemerkbar macht.

Im Frühjahr 1986 hat die Medizinische Fakultät der Universität Bochum (Arbeitsgruppe »Physiologie der Regulation«) Forschungsergebnisse über die Ursachen des »Plötzlichen Säuglingstods« an die Öffentlichkeit gegeben[27a]. Gleichzeitig wurde ein Trainingsprogramm für gefährdete Kinder entwickelt. Als Ursache komme eine Unreife der Atemregulation in Frage, die während des Schlafs zu Atemstörungen und schließlich durch Sauerstoffmangel zum Tode führe. Die Zahl der Todesfälle wird in der Studie auf mehr als 2000 Kinder jährlich beziffert. Als Therapie schlagen die Wissenschaftler gezielte Reize des Nervensystems durch Licht und Sauerstoff vor, die die Atmung anregen und schließlich zur Regulation führen sollen.

Sind die wissenschaftlichen Erkenntnisse nun ein Widerspruch zur These eines anerkannten Radiästheten? Ich finde, keinesfalls, denn die festgestellte besondere Konstellation der Reizzonen am Schlafplatz verstorbener Säuglinge ist damit als belastendes Element für die Atmung nicht aus der Welt. Also kann es wohl nicht schaden, neben der von Wissenschaftlern vorgeschlagenen Therapie prophylaktisch auch die Erkenntnisse der Strahlenforscher zu berücksichtigen und die Wiege an einen anderen Platz zu stellen.

5.2 Am Fünfer ist der Sitzplatz schuld – Schulversagen

Die Bunte Illustrierte brachte unter dieser Überschrift im Herbst 1973 einen Bericht über die Rutengängerin Käthe Bachler[16], die sich als Pädagogin besonders den Kindern verpflichtet fühlt.

Reizzonen sind nicht nur krank machend, sie verhindern auch eine gute Nachtruhe. Bei Kindern ist das instinktive Empfinden für einen Störeinfluß wohl noch ausgeprägter. Sie haben bereits gelesen, daß Kleinkinder sich manchmal in die störungsfreie Ecke ihres Bettchens verdrücken und sogar die Gliedmaßen heraushängen lassen. Georg Otto[11] beschreibt den Fall des kleinen Andreas, dessen oberes Bettviertel von einer Reizzone bestrahlt wurde. Also packte er im Schlaf, im unterbewußten Zustand, sein Kopfkissen und verpflanzte es jeweils ans Fußende des Bettes, wo er mit angezogenen Beinchen Nacht für Nacht schlief. Als die Mutter das sonderbare Verhalten ihres Andreas bemerkte, legte sie fortan das Kopfkissen an das Fußende des Bettes. Nun blieb die Gegenreaktion aus. Andreas marschierte nicht etwa im Schlaf an das andere Ende, sondern ruhte am Fußende, aber weiter mit angezogenen Beinen.

Ein glücklicher Umstand brachte ein Klavier ins Haus. Glücklich nicht zuletzt deswegen, weil das Bett des kleinen

Schläfers einen halben Meter verschoben werden mußte. Danach aber schlief der Junge langausgestreckt und nicht mehr mit angezogenen Beinen.

Erst ein Rutengänger konnte die Erklärung für die sonderbaren Schlafgewohnheiten geben: Das obere Viertel des Bettes hatte vor der Anschaffung des Klaviers auf einer Reizzone gestanden.

Bedenkt man diese Zusammenhänge, verwundert schulisches Versagen nicht mehr. Auch das intelligenteste Kind, das sich nachts unglücklicherweise mit einer Reizzone herumquälen muß, wird unausgeschlafen, überspannt und vielleicht schon verhaltensgestört keine Superleistungen in der Schule bringen können.

Natürlich kann auch der Sitzplatz eines Schulkindes »gestört« sein und es zu einem unaufmerksamen, zappeligen Unterrichtsteilnehmer machen. Wir haben es schon erwähnt und werden noch genauer auf das neue polnische Baurecht eingehen, das radiästhetische Gutachten bei allen besonders gesundheitsrelevanten Neubauvorhaben – wie beispielsweise bei Schulen und Kindergärten – vorschreibt.

Die eingangs genannte Rutengängerin Käthe Bachler, ihres Zeichens Lehrerin, nahm bei Lernschwierigkeiten Umsetzungen in ihrer Klasse vor. Manches Schulpult war tatsächlich ein »Strahlen-Lernplatz«, wie sie mit ihrer Wünschelrute feststellen konnte. Zwar wurde nicht jeder umgesetzte Schüler gleich zum Überflieger – unbegabt blieb unbegabt –, aber Käthe Bachler konnte gegenüber ihrer vorgesetzten Dienststelle überzeugende Beweise vorlegen, daß ein »bestrahlter« Sitzplatz oft die Ursache für schlechte Schulnoten war. Sie durfte daraufhin überregional in den Schulen des Landes Salzburg die Sitzplätze radiästhetisch untersuchen und konnte manchem Kind helfen, dessen Lernschwäche nicht angeboren, sondern »sitzplatzbedingt« war.

5.3 Chronische Krankheiten – Brutstätte Reizzonen?

Es gibt Wünschelrutengänger, die jedwede Krankheit – von der Allergie bis zum Zipperlein – am liebsten auf den Einfluß von Erdstrahlen und Reizzonen zurückführen möchten. Vielleicht hat diese Theorie sogar eine gewisse Berechtigung, wenn man davon ausgeht, daß der Organismus eines Menschen mit Schlafstätte oder Arbeitsplatz über einer Reizzone so weit vorgeschwächt ist, daß die spezifischen Krankheitserreger die körperliche Widerstandskraft schneller als normalerweise besiegen werden.

Bei einigen Krankheiten jedoch hat man, ähnlich wie bei Krebsfällen, besondere radiästhetische Konstellationen am Schlafplatz festgestellt.

Dr. Schweitzer[9] weist darauf hin, bei der Vermessung der Schlafplätze von Multiple-Sklerose-Erkrankten seien nur *rechts*zirkular polarisierte Strahlungsfelder in Erscheinung getreten. Wir erinnern uns: Bei Krebsschlafplätzen handelte es sich ausschließlich um *links*zirkular polarisierte Wasseradern.

Überhaupt scheint das radiästhetische Geschehen an MS-Schlafplätzen recht vielschichtig zu sein. Zu den Kreuzungen von Wasseradern treten noch Kreuzungen der Gitternetze und geomantische Zonen hinzu. Jedenfalls möchte Dr. Schweitzer aus einer Analyse von elf MS-Schlafplätzen – auch wenn es sich vorerst um eine kleine Anzahl untersuchter Fälle handelt – den Schluß ableiten, es könne ein Zusammenhang bestehen zwischen den radiästhetischen Gegebenheiten am Schlafplatz und der Entstehung der Krankheit.

Liest und hört man die Berichte der Wünschelrutengänger, so ist über strahlengestörten Schlafplätzen fast die gesamte Palette der Krankheiten anzutreffen. Es wurden Nervenleiden und Schlafstörungen, Angina pectoris, Rheumatismus, Gelenkschmerzen und Zuckerkrankheit, Thrombosen und Asthma, Magen- und Darmbeschwerden sowie Herzrhythmusstörungen festgestellt.

Damit ist ein ursächlicher Zusammenhang zum Störfeld unter dem Schlafplatz noch nicht bewiesen. Es handelt sich um viele moderne Zivilisationskrankheiten, die auch den Schläfer auf einem gesunden, strahlenfreien Schlafplatz befallen können. Zurückhaltung ist geboten. Bei weitem nicht jede Krankheit muß standortbedingt sein.

6. WIE AUS EINEM KRANK MACHENDEN EIN GESUNDER SCHLAFPLATZ WIRD

6.1 Finden sie einen seriösen Rutengänger – am besten aber mehrere

Wie ist die Zunft der Anlageberater in Verruf gekommen, dieses einst seriöse Gewerbe, nachdem der Pleitegeier Bernie Cornfelds IOS-Investmentfonds gekapert hatte. Und dann die vielen Schieflagen bei angeblich steuersparenden Verlustbeteiligungen im ehemaligen Zonenrandgebiet, in Spanien, bei der kanadischen Ölsuche, die vielen überteuerten und nur unter Preis verkäuflichen Eigentumswohnungen im Bauherrenmodell! Schade um die seriösen und ehrlichen Geldmakler.

Den Rutengängern könnte Ähnliches blühen. Waren es in früheren Jahren biedere Bürger, die ihre sensitive Fähigkeit kostenlos oder gegen geringes Entgelt zur Verfügung stellten, wenn jemand einen Brunnen bauen wollte, so ist mit zunehmendem Wissen um Erdstrahlen auch hier ein regelrechter Boom entstanden. Seriöse Rutengänger schließen nicht aus, daß so manches schwarze Schaf auf der saftigen Wiese des Verkaufs von Entstörgeräten weidet.

Möchten Sie also Ihr Grundstück oder Ihre Wohnung untersuchen lassen – am besten bevor ein schlimmer Krankheitsfall auftritt, spätestens jedoch danach –, so ist nicht auszuschließen, daß Sie an einen Scharlatan geraten.

Es könnte sich auch um unbewußte Scharlatanerie handeln, denn – Sie haben es gelesen – mit dem mentalen Muten ist es so eine Sache. Verstandesmäßig kann man das kaum erklären, aber im Kofferraum eines Rutengängers draußen auf dem Hof liegen vielleicht noch drei Entstörgeräte, auch Feldveränderer genannt, die er gern verkaufen möchte. Nun schreitet er durch Ihre Wohnung oder über Ihren Grund. Seine Gedanken sind darauf gerichtet, schädliche Wasseradernkreuzungen zu finden. Sind sie nicht unbewußt auch darauf ausgerichtet, möglichst eines der Entstörgeräte aus dem Kofferraum an den Mann zu bringen? So gesehen könnte mental statt der Wasserader auch eine »Geldader« geortet werden.

Von manchen Rutengängern – wohlgemerkt nicht von der redlichen Mehrheit – wird behauptet, sie hätten, gleichgültig wohin sie gerufen werden, immer Rutenausschläge und auch gleich ein Gerät zur Hand, das angeblich alle Sorgen beseitigt.

Lassen Sie also am besten zu verschiedenen Zeiten zwei oder drei Rutengänger, die sich nicht abgesprochen haben, kommen. Vergleichen Sie danach die Ergebnisse. Bei weitgehender Übereinstimmung sollten sie nicht zögern, den prognostizierten Krebs-Schlafplatz sofort zu wechseln, am besten durch Umstellung der Möbel. Das ist sicher. Sogenannte Entstörgeräte sind unsicher. Die Meinung eines Wissenschaftlers dazu finden Sie in Kapitel 6.6.1.

Nehmen wir an, Ihre zwei oder drei Wünschelrutengänger kämen aus dem Bekanntenkreis und würden sich wenige Wochen später zu einem erneuten Versuch bereit finden, wobei Sie ihnen die Augen verbinden dürften, so könnte es unter Umständen Abweichungen der Zweitmutungen gegenüber den ursprünglichen Mutungen geben. Sogar beim gleichen Rutengänger; denn der Mensch ist nur die Antenne, nicht etwa die objektive Rute, und der Mensch kann heute gesundheitlich anders disponiert sein als morgen, er kann Medikamente eingenommen haben, oder das Wetter macht ihm zu schaffen. Jedenfalls können alle diese Umstände dazu führen, daß sich die Reaktionsfähigkeit eines Rutengängers verändert.

Manche Rutengänger sprechen davon, daß Reizstreifen je nach Wettersituation »wandern«. Ich würde aber bei weitgehend übereinstimmend festgelegten Krankheitsorten durch verschiedene Wünschelrutengänger sofort Konsequenzen ziehen und den Schlafplatz wechseln.

Wichtig erscheint mir noch: Wenn Sie schon einen Wünschelrutengänger bezahlen, so sollten Sie darauf bestehen, daß er Ihnen die kompletten Vermessungspläne aushändigt. So haben Sie eine Kontrolle zu den Ergebnissen eines weiteren Rutengängers, den Sie eventuell sicherheitshalber noch hinzuziehen. Auch bei späteren Möbelumstellungen wird Ihnen ein solcher Plan immer ein nützliches Hilfsmittel sein, damit Sie nicht mit Ihren Schlafmöbeln versehentlich auf eine Reizzone geraten.

6.2 Ein Kilo Nägel für 220 DM – die Masche der Scharlatane

»Eine goldene Nase verdienen mit Kupferartikeln« nannte der Südwestfunk eine Sendung am 8. Juli 1985. Und die Baden-Badener gingen ordentlich ins Gericht mit jenen Zeitgenossen, die gutgläubigen Menschen erst angst vor Krankheit machen und ihnen dann mit dem Preis des prompt vorhandenen Allheilmittels finanziell das Hemd ausziehen.

Was können Sie tun, wenn sich Ihre Betten aus räumlichen Gründen wirklich nicht umstellen lassen und auch kein anderes Zimmer als Schlafzimmer in Frage kommt?

Über hundert sogenannte Entstörgeräte, auch Feldveränderer genannt, werden mittlerweile angeboten. Jeder Wünschelrutengänger ist natürlich von der Wirksamkeit *seines* Entstörgeräts überzeugt, wenn er es für die Sanierung eines Schlafplatzes anbietet. Nun haben aber namhafte Radiästheten über hundert Geräte auseinandergenommen und weit über die Hälfte als wirkungslos befunden.

»Bitte nicht öffnen« ist manchmal aufgedruckt. Ist auch schlecht möglich, denn die Geräte sind teilweise so konstruiert, daß man ohne Zerstörung des Gehäuses nicht an das technische »Innenleben« herankommt.

So fand ein enttäuschter Käufer, nachdem er der Sache doch auf den Grund gegangen war, ein rundes Kilo rostiger Nägel in seinem Entstörgerät, für das er 220 DM gezahlt hatte. Das ist ein stolzer Preis pro Nagel!

Zum Einbau eines wirksamen Entstörgerätes gehört nach Ansicht der Verkäufer Sachkunde. Nicht jeder Wünschelrutengänger sei zugleich auch ein guter »Feldveränderer«. Einmal unterstellt, die Entstörgeräte seien wirksam, könnte da der Rutengänger, der ein Gerät eingebaut hat, nicht leicht Autosuggestionen erliegen? Geht er nach abgeschlossenem Einbau zur Probe erneut über die Reizzone, ist er doch fast schon gedanklich-mental darauf programmiert, daß nun kein Ausschlag mehr erfolgen kann, weil ja das Entstörgerät die Mikrowellenstrahlung eliminiert haben muß.

Manche Wünschelrutengänger haben auch schon an sich selbst gezweifelt. Sie erhielten beispielsweise nach einigen Wochen oder Monaten Anrufe der Kunden, die alten Schlafstörungen seien wieder da. Mit dem Gerät stimme wohl etwas nicht mehr. Und tatsächlich: Nichts war an der Lage des Gerätes verändert worden, aber aus unerklärlichen Gründen hatte der Rutengänger Ausschläge, die auf unabgeschirmte Strahlung hindeuteten. Das Gerät wurde dann neu gerichtet, und die Abschirmwirkung – so die Rutengänger – war wiederhergestellt.

Manchmal verändern auch unterirdische Wasserströme ihre Laufrichtung. Das kann sogar bei den kleineren in der Bundesrepublik wahrnehmbaren Erdbeben der Fall sein. Auch die Menge des unterirdischen Wasserstromes kann eine Rolle spielen. Wer einen Brunnen bauen will, der ganzjährig Wasser führt, weiß, daß er dies am besten im September tut, weil dann die Schüttung am geringsten ist.

Die Intensität der Strahlung geht mit der Wassermenge einher. Es gibt also auch hier eine Menge Unwägbarkeiten.

Nur: Den Erfolg des Rutengängers, der Ihnen Wasser für den Gartenbrunnen finden soll, können sie sehr leicht kontrollieren. Trockenbohrungen sind teuer, und es wird sich sehr schnell herumsprechen, daß der Rutengänger nichts getaugt hat. Nun überführen Sie aber einmal einen Rutengänger, der Ihnen eine Wasserader oder gar Adernkreuzung unter Ihrem Schlafzimmer prognostizierte und ein teures Entstörgerät verkaufte! Bei Rutengängern, denen es an wissenschaftlicher Vorbildung fehlt, die keinerlei fachliche Kenntnisse haben, ist immer Skepsis angebracht. Mancher ängstliche Zeitgenosse, der um seine Gesundheit besorgt ist, wird beim Kauf eines wirkungslosen Entstörgerätes ausgenommen. Manche Firmen haben sich regelrecht darauf spezialisiert, die Krankheitsangst älterer Bürger auszunutzen. Ich meine dies allgemein und nicht nur auf dem Sektor der Radiästhesie. Da werden in manchen Postillen Heilmittelchen angepriesen, die, wären sie wirklich im speziellen Fall erforderlich und auch wirksam, selbstverständlich vom Hausarzt verschrieben und von der Krankenkasse bezahlt würden. Aber die genannten Firmen scheuen sich nicht, älteren Leuten auch noch einen Teil ihrer oft kleinen Rente abzunehmen.

Optimal als Berater wäre ein Arzt, der sich mit Naturheilkunde *und* Radiästhesie beschäftigt und vielleicht einen Informationskurs (vgl. Kapitel 8.5) besucht hat.

6.3 Wie funktionieren technische Abschirmungen?

Wenn sich Erdstrahlen schon wie elektromagnetische Mikrowellen verhalten, so müßte man ihnen auch mit den Mitteln der Hochfrequenztechnik auf den Leib rücken. Hierfür bieten sich zwei Methoden an. Zunächst einmal kann man elektromagnetische Wellen durch Interferenz ausschalten.

Was ist Interferenz? Stellen Sie sich vor, daß eine Welle zunächst nach oben schwingt, dann nach 180 Grad wieder durch ihren Ursprung geht und nun entgegengesetzt nach unten schwingt, um schließlich bei 360 Grad auf der Ursprungslinie wieder anzulangen und dann dasselbe von vorn zu beginnen. Gelingt es nun, einem solchen Wellenberg auf technische Weise ein Wellental und dem Wellental einen Wellenberg gegenüberzustellen, also zu überlagern, so verpufft die ganze Geschichte. Die Wellenbewegung ist aufgehoben. Für die Techniker unter Ihnen: Einer Sinusschwingung wird eine Sinusschwingung mit gleicher Schwingungszahl (Frequenz) und gleicher Schwingungshöhe (Amplitude) hinzugefügt, aber das Ganze um 180 Grad in der Phase verschoben.

Eine technische Zukunftsvision: Stellen Sie sich vor, es wäre möglich, die Geräusche großstädtischen Straßenverkehrs durch Interferenz-Generatoren – den Namen für diese Geräte zu finden wäre wohl das leichteste – auszulöschen. Für jedes Motoren- und Bremsgeräusch, Hupen und Türenschlagen würde der »Interferenz-Generator« sogleich die speziell um 180 Grad verschobene Sinusschwingung beimischen. Der Effekt wäre geradezu gespenstisch. Sie bummeln über den Kurfürstendamm, sehen auf den Fahrstreifen die Autos und Motorräder lautlos an Ihnen vorbeihuschen. Keine abschirmende Glaswand ist dazwischen. Nein, nur ab und zu bemerken Sie im Bordstein eine kleine Vorrichtung, den »Interferenz-Generator«. Von der technischen Zukunft träumen darf man doch jetzt schon ein bißchen!

Aber zurück zur Interferenz bei Erdstrahlen. Nach dem Interferenzprinzip arbeiten Spulen (die sog. Hartmannspule), Ringe und Stäbe. Diese ganzen technischen Dinge sind eigentlich nur mit dem Instrumentarium und den Kenntnissen des Antennenbauers und Hochfrequenztechnikers machbar. Der Rutengänger muß da schon spezielle Kenntnisse mitbringen. Reizzonen orten und Reizzonen beseitigen kann zweierlei sein.

Der geübte Entstörungstechniker wird nicht mit einem generellen Gerät für alle Fälle arbeiten, weil es ja immer auf die spezifische Wellenlänge der festgestellten Strahlung ankommt. Die Resonanzfrequenz des Entstörgerätes muß dieser Wellenlänge entsprechen. Nur dann kann sie durch Interferenz die schädliche Strahlung kompensieren und unschädlich machen.

Ich erwähnte schon, daß die Aufstellung eines feldverändernden Entstörgerätes nicht unproblematisch ist. So wurde ein Fall bekannt, in dem ein Gerät, über das ich bisher nichts Negatives gelesen habe, gleichwohl nicht vor der schädlichen Strahlung einer Wasserader abschirmte. Ein zweiter Rutengänger fand den Grund schnell heraus. Sein Vorgänger hatte das Gerät ohne Beachtung der Fließrichtung des Wassers angebracht. Vielleicht, weil er nicht in der Lage war, diese zu bestimmen. Das Gerät konnte – so der Rutengänger – seine Wirkung aber nur entfalten, wenn es oberhalb der Wasserader angebracht war, *bevor* diese in das abzuschirmende Gebäude eintrat. Der Abschirmfehler ließ sich durch den zweiten Radiästheten also leicht beheben.

Ich persönlich wollte mich einmal von der Wirksamkeit eines technischen Abschirmgeräts überzeugen.

Deshalb bat ich einen Rutengänger, den ich wegen seiner sensitiven Fähigkeiten schätzte, um einen Test. Erwähnen muß ich noch, daß der Rutengänger auch Entstörgeräte verkaufte.

Der Versuch sollte so verlaufen, daß es mir als Außenseiter freigestellt war, das Gerät ein- und auszuschalten. Er wollte mir dann jeweils aufgrund der Rutenausschläge bzw. der unterbliebenen Ausschläge sagen, wann das Gerät auf Stellung Ein oder Aus war.

Ich dachte an eine Reihe von 10 Versuchen und hatte mir insgeheim vorgenommen, das Gerät bei allen 10 Durchgängen entweder aus- oder eingeschaltet zu lassen.

Ob er nun mir oder seinen eigenen Geräten mißtraute, mein guter Mann sagte ab.

6.4 Strohsack und Elchfell – wie sich die Alten betteten

Kritische Rutengänger sehen die Grenzen der technischen Entstörgeräte. Sie halten sie keinesfalls für Wundermittel, die in jedem Fall die gewünschte Abschirmung bringen, und sehen insbesondere Probleme dort, wo eine Störstrahlung verschiedene Ursachen hat.

Schweitzer[9] verweist darauf, die Intensität der sogenannten stehenden Wellen über Wasseradern-Kreuzungen bleibe in der Regel voll erhalten, während man die Intensität der Einzelzonen durch Abschirmungsmaßnahmen drastisch verringern könne.

Der Rat des Forschers geht dahin, den Reizzonen-Kreuzungen auszuweichen, insbesondere wenn sie eine Vielzahl von Wellenlängen hoher Intensität enthalten, wie das z. B. bei Schwerpunktzonen von Wasseradern oder Doppelzonen von Gitternetzen der Fall ist.

Wie hielten es eigentlich unsere Vorfahren, denen doch intuitives Wissen um die Gefährlichkeit von Erdstrahlen zugeschrieben wird? Technisches Instrumentarium zur Abschirmung kannten sie nicht, aber kannten sie vielleicht andere natürliche Mittel?

Ein Mittel kannten noch unsere Großeltern und Urgroßeltern. Insbesondere auf dem Land schliefen viele von ihnen auf Stroh. Es gab keine Federkernmatratzen, sondern große handgewebte Leinensäcke, die mit der beim Dreschen von Hafer anfallenden Spreu gefüllt wurden.

Nun könnten Sie einen Test machen. Besorgen Sie sich bei einem Bauern einen Sack voll Stroh und legen Sie ihn auf eine Reizzone. Ein Wünschelrutengänger wird keine Ausschläge mehr feststellen. Das natürliche Produkt aus Gottes freier Natur ist ein verläßlicherer Schutz als komplizierte elektromagnetische Geräte.

Auch dem Elchfell, auf dem nicht nur Kaiser Franz Josef von Österreich bei seinen Jagden, sondern schon frühzeitliche Jäger lagerten, sagt man eine gute Abschirmwirkung gegen Reizzonen nach. Allerdings soll es sich nicht um eine vollständige Abschirmung handeln.

Die *Zeitschrift für Radiästhesie*[28] berichtete 1985 über eine geglückte Abschirmung mit einem weiteren natürlichen Produkt. Ein neues Haus mußte aus baulichen Gründen auf einer zehn Meter breiten unterirdischen Wasserader errichtet werden. Die Möglichkeit, es an eine freie Stelle zu verschieben, bestand nicht. Der Bauherr wandte sich an einen Rutengänger, der den Rat gab, in den Neubau eine zehn Zentimeter dicke Schilfrohrmatte (Schilf aus Süßwasserseen) einzubringen. Ein Kellergeschoß war ohnehin nicht geplant, und so wurde das Schilf vom Architekten in die Bodendecke eingearbeitet. Dem Bericht zufolge konnte eine absolute Abschirmung des Hauses erreicht werden, wie die nachfolgende Untersuchung mit der Wünschelrute ergab.

Auch hier ist Skepsis angebracht. War es ein fremder, unvoreingenommener oder der gleiche Rutengänger, der die Empfehlung für die Schilfrohrmatte gegeben hatte?

Wäre es wirklich der gleiche gewesen, darf man sich die Frage stellen, ob er nach erfolgter Schilfisolierung nicht mental vorprogrammiert war, nun keine Störzone mehr vorzufinden.

Wer hätte nicht schon als Kind Kastanien gesammelt und dabei von manchem Alten zu hören bekommen: »Davon trage ich immer ein, zwei Stück in der Tasche, die sind nämlich gut gegen Rheuma und andere Krankheiten!«

Es war interessant, im gleichen Bericht nun auch den

Hinweis zu finden, Kastanien könnten Mikrowellen, also Strahlen von Wasseradern usw. neutralisieren und würden ihre Kraft übers Jahr, also bis zur neuen Ernte, beibehalten. Besagter Wünschelrutengänger empfiehlt, bei Wasseradern oder Gitternetzen im Wohnzimmer einfach unter den Sessel oder das Sofa vier bis sechs Kastanien zu legen und hierdurch eine völlige Abschirmung zu erreichen. Für das Schlafzimmer schlägt er dennoch als besten Grundsatz vor, die Betten zu verschieben, und im Auto solle man 50 bis 60 Kastanien in einem Netz locker unter dem Fahrersitz anbringen. Dies würde völlig abschirmen.

Nun, ich gebe das mal so wieder. Die Rutengänger werden sich mit den Hypothesen ihres Kollegen auseinanderzusetzen haben. Was mir nicht so recht einleuchten will: Mit dem Auto wechselt der Fahrer pro Tag vielleicht hundertfach oder mehr von störungsfreien Zonen in Störzonen und umgekehrt; er befindet sich jedenfalls nicht andauernd über Störzonen. Wozu also die angeblich störungsfrei machenden Kastanien?

Und noch eins drauf: Es wird empfohlen, auf den Fernseher vier Kastanien zu legen und drei Kastanien auf den Fernsehtisch davor. Das bewirke eine völlige Abschirmung und sei besonders für Kinder vor dem Fernseher wichtig. Dann folgt der Hinweis auf amerikanische Wissenschaftler, die angeblich herausgefunden haben, daß schwangere Frauen, die viel fernsehen, zu Fehlgeburten oder Mißgeburten neigen.

Es ist Sache der Radiästheten, sich mit diesen Darlegungen auseinanderzusetzen. Mir fiel aber ein, daß in der Großen »Krebsanfrage«[29] der Staatssekretär im Bundesgesundheitsministerium sich auch zu den Fernsehgeräten geäußert hat. Er verwies auf eine Untersuchung der Physikalisch-Technischen Bundesanstalt in Braunschweig, wonach bei Fernsehgeräten »mit keiner oder höchstens einer gegenüber der natürlichen Strahlenexposition vernachlässigbaren Strahlenexposition zu rechnen ist«. Mir scheint doch einiges durcheinanderzugehen: die technische Abstrahlung eines Fernsehschirmes und radiästhetische Störzonen sind zwei Paar Schuhe.

Auch zu den Kastanien fällt mir im nachhinein noch etwas ein. Sollte die Abschirmwirkung wirklich in der beschriebenen Weise zutreffen, so muß ich vielleicht dem Urheber des Gedankens Abbitte leisten. Ich kann nämlich beim besten Willen keinen Sinn darin erkennen, unter dem Autositz 50 bis 60 Kastanien in einem Netz zu deponieren.

Aber noch ein Gedanke: Könnte es nicht sein, daß sensitiv veranlagte Autofahrer, die Wasseradern unter einer Straße oder Autobahn passieren, in hohem Maß gefährdet sein könnten, weil das Lenkrad manchmal wie eine Wünschelrute wirkt? Gibt es nun einen Ausschlag beim Überqueren einer Wasserader unter der Fahrspur, so könnte dies mit einem Verreißen des Steuers und einem schlimmen Unfall einhergehen. Darauf werde ich in dem Kapitel »Mysteriöse Unfälle auf schnurgerader Strecke« (vgl. Kap. 16.1) noch zu sprechen kommen.

Sollten die Kastanien wirklich Abschirmwirkung haben, wäre der Tip des Rutengängers für sensitive Autofahrer wertvoll. Er müßte in praktischen Versuchen überprüft werden.

Aber zurück von den Fernsehstrahlen wieder zu den Reizzonen durch Erdstrahlen. Auch von bestimmten Gesteinen nimmt man an, daß sie in der Lage sind, eine Feldveränderung bei Erdstrahlen herbeizuführen, also sie seitlich wegzudrücken oder zu verlagern. Im Kapitel über die Geheimnisse alter Kirchen und Kultstätten finden sie eine Beschreibung radiästhetischer Phänomene, die im romanischen Dom von Plock in Polen festgestellt wurden. Hier haben offensichtlich alte Baumeister eine negative Strahlung unter dem Presbyterium durch bestimmte Anordnung des Grundgemäuers aufgehoben bzw. abgelenkt.

Diese ablenkende Eigenschaft sagt man auch den Naturstoffen Kork und Holz nach[30]. Naturstoffe[31] scheinen eine nicht unbedeutende Rolle in der Abschirmung bzw.

Ablenkung zu spielen. Georg Otto[19] berichtet von einem Haus, in dem sich das elektromagnetische Umfeld so störend bemerkbar machte, daß die Bewohner darunter litten. Er suchte nach Lautsprecherboxen, Neonröhren und schlecht isolierten Stromleitungen, ohne entsprechend fündig zu werden. Dann kam ihm der Gedanke an die eventuelle Störwirkung eines Fernseh-Verstärkers, weil er einmal einen ähnlichen Fall untersucht hatte. Man stieg auf den Speicher und fand den Verstärker am Antennenmast. Otto erzählt, er habe sodann mit einem Lammfell auf Anhieb die Störstrahlung beseitigen können, indem er ganz einfach das Lammfell um den Verstärker band.

6.5 Fünfzig Holzwürmer auf der Flucht

Grundsätzlich habe ich bisher nicht die Namen von Entstörgeräten genannt, weil es sich meiner Beurteilung entzieht, inwieweit und ob überhaupt diese auf Dauer wirksam sind. So will ich es auch in dem folgenden Fall halten.

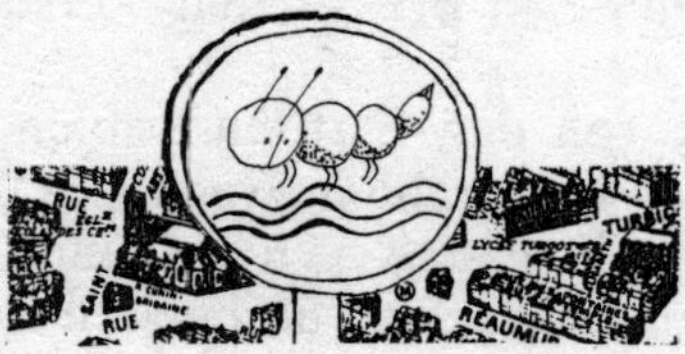

Das 1983 entwickelte Gerät entstand offensichtlich nach dem Prinzip »Man nehme«. Man nehme nämlich ein Gemisch von verschiedenen natürlichen Stoffen, die in der Beschreibung weder dem Namen noch der Zahl nach genannt sind. Sodann werden dem Gemisch Ionen von dreißig weiteren Stoffen zugesetzt, und das Ganze soll bewirken, daß sich auf einem breiten Frequenzbereich eine Resonanz zu sog. harmonischen Schwingungen ergibt.

Die Erfahrungen mit dem Gemisch, das man dann, damit alles etwas apparatemäßig aussieht, in einen Holzbehälter eingebaut hat, haben angeblich seit 1983 folgendes gebracht: Bei geopathisch belasteten Patienten ergaben sich objektiv und subjektiv Besserungen, strahlenflüchtende Pflanzen wuchsen besser, kranken strahlenflüchtenden Tieren ging es besser, obgleich sie aus dem gestörten Stall nicht verlegt worden waren. Ja, und dann noch eine eklatante Wirkung: Strahlensuchendes Ungeziefer mag offensichtlich dieses Gerät überhaupt nicht. Jedenfalls verließen in einem Fall über fünfzig Holzwürmer fluchtartig ihren alten Bauernschrank, und in einem anderen Fall nahmen die Wühlmäuse einer großen Wiese nach Aufstellung des Geräts Reißaus. Volià.

6.6 Abschirmung mit Drahtgitter – der Handel reagiert schon auf Käuferwünsche

Schon Freiherr von Pohl hatte als besondere Eigenschaften der Erdstrahlen erkannt, daß sie einerseits eine außerordentliche starke Durchdringungskraft besitzen, sich andererseits aber auch sehr leicht abbeugen (ableiten) lassen[15].

Warum versucht man dann keine Ablenkung mit Blei, das ja bekanntlich Ärzte und Schwestern beim Röntgenvorgang genauso schützt wie Transporte von radioaktiven Bestandteilen?

Das hieße im Falle von Erdstrahlen ganz sicher den Teufel mit dem Beelzebub austreiben. Blei ist ein geradezu lebensfeindliches Element und im übrigen ein Zerfallsprodukt, das selbst strahlt, wenn auch in winzigen Dosen.

Darüber hinaus würden Erdstrahlen eine Bleiplatte unter dem Bett in kurzer Zeit aufladen und zusätzlich strahlend machen. Die Bleiplatte würde nun noch weiterstrahlen, wenn sich beispielsweise die von einem unterirdischen Wasserlauf ausgehende Strahlendosis etwa im August/

September durch verringerte Wasserführung minimiert hätte oder gar ganz ausgefallen wäre.

Dr. Schweitzer[9] schlägt vor, einen Schlafplatz mit Matten oder Folien feldfrei zu machen, diese unmittelbar unter der Matratze anzubringen und nicht etwa auf dem Fußboden unter dem Bett. Allerdings darf es sich nicht um Reizzonen von Gittersystemen handeln. Er hält ein engmaschiges Fliegengitter aus Metall oder Metallfolie nicht nur für einen guten Reflektor, sondern auch deshalb für empfehlenswert, weil es luftdurchlässig ist und den Schläfer nicht beeinträchtigt.

Metallfolien und Fliegengitter reflektieren angeblich die Strahlung. So gesehen könnte reflektierte Strahlung die Bewohner tiefer gelegener Stockwerke treffen. Haben auch diese ihre Betten mit Metall oder Metallfolie unter der Matratze reflektierend gemacht, so würde zwar die von unten kommende Strahlung abgelenkt, nicht aber die aus einem Obergeschoß nach unten abgelenkte Strahlung. Wer in einem Einfamilienhaus oder im untersten Stockwerk eines Wohnhauses schläft, würde durch Abschirmung mit Matten und Folien so gesehen einem Nachbarn im Obergeschoß auf keinen Fall unbewußt Schaden zufügen können.

Es nutzt angeblich nichts, wenn man, weil eine entsprechend große Plane von Fliegendraht nicht erhältlich ist, mehrere Streifen unter der Matratze anbringt.

Ob und inwieweit eine Abschirmung eintritt, erproben Sie am besten, wenn der Rutengänger, der eine Störzone unter Ihrer Schlafstelle festgestellt hat, diese erneut vermißt. Natürlich werden Sie mehrere Versuche machen und ihm niemals verraten, ob jetzt gerade der Fliegendraht als Abwehrschirm eingebracht ist oder ob er ein unabgeschirmtes Bett vorfinden wird. Warum ein teures Abschirmgerät (Feldveränderer) kaufen, wenn es auch durch Möbelumstellung oder einfachen Fliegendraht gelingt, sich einen störungsfreien Schlafbereich zu schaffen?

Wird Fliegendraht nicht selbst strahlend mit der Zeit, etwa wie eine Blei- oder andere Metallplatte? Man wird davon ausgehen müssen, daß dies in geringem Maße geschieht. Nun soll es eine Möglichkeit geben, die angesammelte Strahlung zu entfernen, die sicher manchen überraschen oder ungläubig zweifeln lassen wird. Machen Sie doch einmal folgenden Versuch, wenn ein Rutengänger festgestellt hat, daß nunmehr auch von Ihrem Fliegendraht-Netzgitter eine geringe Strahlung ausgeht: Waschen Sie ganz einfach in klarem Wasser das Netzgitter ab und bringen Sie es wieder unter der Matratze an. Ein erneutes Begehen mit der Wünschelrute könnte Ihnen zeigen, daß die geringe Eigenstrahlung verschwunden ist.

Worauf könnte dies zurückgeführt werden? Dr. med. Joseph Wüst[3], der auch einen philologischen Doktorgrad besaß, nannte die den Rutenausschlag veranlassende Energieform »W-Strahlung«. Nennen wir sie einmal »Magnetoismus«, um etwas konkreter Vorstellbares zu haben. Bei seinen Versuchen stellte Wüst fest, daß beliebige nichtstrahlende Stoffe durch bloße Berührung mit einem W-Strahler – also mit einem magnetoiden Feld – selbst »magnetoisiert« wurden, so daß sie danach genau dieselben Strahlen aussenden konnten wie der Körper (das Feld), der sie selber magnetoisiert hatte. Nun das Frappierende: Diese durch Berührung hervorgerufene Magnetoisierung eines eigentlich nichtstrahlenden Stoffes konnte durch einfaches Abwischen mit einem Tuch wieder von ihm genommen werden. Nun müßte nach menschlichem Ermessen am Tuch irgend etwas nachweisbar sein. Nennen wir es einmal sehr volkstümlich »abgeriebene Energie«. Aber nichts dergleichen. Diese Energie scheint verschwunden.

Vielleicht ist es Ihnen als kritischem Leser jetzt genauso ergangen wie mir. Sie sind vielleicht eher bereit, wenn auch noch immer unter großen gedanklichen Vorbehalten, zu akzeptieren, daß eine »Strahlung« von einem Netzgitter durch einfaches Abwaschen entfernt werden kann. Gäbe es nicht die Untersuchungen des hochkarätigen Wissenschaftlers Dr. Dr. Wüst, man wäre zu leicht geneigt, diese Dinge in den esoterischen Bereich des Phantastischen zu verweisen.

Wer Berichte über Entstörversuche liest, wird manchmal sehr schnell begreifen, daß das reale Gebiet der Physik via Biophysik sich allmählich in einen metaphysischen Bereich verlagert. Wie wäre es sonst zu verstehen, daß bei Entstörversuchen mit einem Schwingkreis zunächst keine Veränderungen in der Versuchsgraphik eintraten; als man jedoch eine Schüssel mit acht Liter Wasser hinzustellte, kamen die Werte zu einer deutlich wahrnehmbaren Beruhigung. Ähnlich war es bei Versuchen mit einem Magneten. Hier traten erst Beruhigungseffekte auf, nachdem man auf den gestörten Meßplatz eine Scheibe aus Bienenwachs gelegt hatte.

Die von Erdstrahlen ausgehenden Gesundheitsrisiken sind durch Veröffentlichungen in den Medien mittlerweile in weiten Bevölkerungskreisen so bekannt geworden, daß nicht nur – wie wir gesehen haben – eine Bundestagsdrucksache sich des Problems annahm und eine Universität einen Forschungsauftrag erhielt, sondern auch der Handel schon serienmäßig Abschirmprodukte anbietet.

Abb. 10: Matratzenauflage mit eingewirkten Kupferfäden als Schutz gegen Erdstrahlen.

Ein umsatzstarker Großmarkt nahm vor längerer Zeit eine Bio-Matratzenauflage in seinen Werbeprospekt auf, in die eine Zwischenschicht aus kettenhemdartigen Metalldrahtmaschen (Kupfer) eingeflochten ist.

6.6.1 Ein Wissenschaftsredakteur über Entstörgeräte

Das ZDF berichtete zweimal in der Sendung »abenteuer forschung«, die von Joachim Bublath moderiert wird, über Erdstrahlen. Sowohl über den Großversuch an der Universität München, auf den wir noch eingehend zu sprechen kommen, als auch über 1980 in Australien, dem wasserarmen Erdteil, durchgeführte Versuche.

Bublath, Moderator und Wissenschaftsredakteur in einer Person, der das Phänomen der Erdstrahlen in Bausch und Bogen verdammt, kam nicht umhin, auch Bilder eines Rutengängers einzublenden, der bei der Gesellschaft für technische Zusammenarbeit (GTZ) beschäftigt ist. Diese Vereinigung leistet auch durch Bestimmung von Brunnenstandorten in wasserarmen Ländern Entwicklungshilfe.

Der vorgestellte Rutengänger war in der Lage, nicht nur Wasser zu finden, sondern auch durch die Anzahl der Umdrehungen der Wünschelrute die Wassermenge anzugeben.

Aber auf etwas anderes wollte ich hier zu sprechen kommen: die sogenannten Entstörgeräte.

Bublath zeigte zwei Modelle, die nach Angaben der Vertreiber ihre Wirkung verlieren, wenn man sie aufmacht. Das ist natürlich recht obskur und weckt Neugier.

So war in einem Gerät eine einfache Spule mit farbisoliertem Kupferdraht untergebracht, und in dem zweiten Gerät endeten die Drähte sogar blind.

Auch die Universität München nahm einige Geräte auf den Prüfstand und kam zu dem Urteil, daß sie wirkungslos sind. Betz und König nehmen in ihrem Report[19b] etwas verklausuliert zu den Entstörungsgeräten Stellung: »Hieraus aber Zusammenhänge mit gesundheitlichen Aspekten oder die sinnvolle Verwendung sogenannter Entstörgeräte ableiten zu wollen, wäre genauso falsch, wie weiterhin das Phänomen in seiner Gesamtheit grundsätzlich als irrelevant oder okkult einzustufen.« Nach Gesprächen mit Rutengängern kann ich mich des Eindrucks nicht erwehren, daß mit sogenannten Entstörgeräten viel Schwindel getrieben wird und mancher Scharlatan nutzloses Zeug mit offensichtlicher technischer Wirkungslosigkeit versucht an den Mann und die Frau zu bringen.

Ich persönlich wäre von der Wirksamkeit eines sogenannten Entstörgeräts nur dann überzeugt, wenn ein Rutengänger, der schon treffsicher mehrfach Wasser gefunden hat, mir eine Störzone bezeichnet, und ein fremder, erprobter Rutengänger, der die Reizzone ebenfalls gemutet hat, bei einem zweiten Versuch keinen Rutenausschlag mehr verspürt.

Natürlich würde ich mir vorbehalten, das Entstörgerät selbst anzubringen oder einzuschalten und darüber den Kontroll-Rutengänger im unklaren lassen.

Seriöse Rutengänger haben mir immer wieder bestätigt, daß es bei Reizzonen, insbesondere aber bei Krebskreuzungen von Wasseradern, nur ein einziges probates Mittel gibt, nämlich das Umstellen von Betten in einem Schlafzimmer mit Gefährdungsbereich.

Bei Neubauten sollte schon der Bauplatz durch einen geübten, seriösen Rutengänger untersucht und die Bauzeichnung unter tunlichster Umgehung von Störzonen im Schlafbereich gefertigt werden.

6.7 Die Gewitter-Ballonfahrt des Freiherrn von Pohl

Auch Freiherr von Pohl (vgl. Kapitel 4.2) erlebte Überraschungen, von denen er früher nicht einmal geträumt hatte und die seine zweifelnden Zeitgenossen schier um den Verstand brachten. Er hatte ein Entstörgerät entwickelt und sogar ein Patent dafür erhalten, auf das er sehr stolz war, hatte doch das kritische und zurückhaltende Deutsche Patentamt anerkennend festgestellt: »Anmelder kann das Verdienst für sich in Anspruch nehmen, als erster auf eine Abhilfe gegen diese Schäden gesonnen zu haben.«

Diese »Schäden« waren eindeutig Schäden von Erdstrahlen. Obwohl wir hier auf von Pohls Patent nicht näher eingehen wollen, doch soviel: Es gelang ihm, immer größere Flächen, zuletzt zwölf Quadratkilometer, durch den von ihm erfundenen Mechanismus zu »entstrahlen«, wie er es nannte. Seine Entstrahlungsstation hatte er in Dachau eingerichtet, und die von ihm gerufenen besten Rutengänger ihrer Zeit fanden keinerlei Ausschläge mehr in dem entstrahlten Bereich.

Wenn der Freiherr aber seinen Mechanismus ausschaltete, ergaben sich sofort Ausschläge für die Rutengänger, und zwar bis 1500 m Entfernung von dem Hause von Pohls.

Folgende phantastische Geschichte ist wenig bekannt, vielleicht deshalb, weil in unserer Industrielandschaft mit ihrer ionisierten Luft Gewitter immer seltener auftreten: Vielleicht haben Sie schon beobachtet, daß Gewitter Schwierigkeiten haben, »über einen Berg zu kommen«. Sie hängen oft in einem engen Tal, das am Ende nicht weitergeht, regelrecht fest, toben am Ende des Tales und kehren dann grollend zurück. Ebensolche Schwierigkeiten haben Gewitter – und das ist wenig bekannt –, über breite Flüsse hinwegzukommen. Die Meteorologen zu Pohls Zeiten – und das war die Zeit um den Ersten Weltkrieg, seine radiästhetischen Untersuchungen machte von Pohl in den dreißiger Jahren – nahmen an, die an gewitterschwülen Tagen aufsteigenden Luftströme an den Flußufern würden die Gewitter am Überschreiten der Flüsse hindern. Von Pohl dagegen tippte auf Erdstrahlen, genauer gesagt, auf einen erdstrahlenfreien Raum oberhalb der Flüsse. Seine Überlegung: Vor dem Gewitter liegt über dem Fluß ein überhitztes Polster, das Erdstrahlen entweder dämpft oder überhaupt ableitet. Ein erdstrahlenfreier Raum aber mußte nach Pohls Folgerung den Wind abdrängen und zu Windstille führen.

Von Pohl konnte kurze Zeit später als Beweis seiner These eine Freiballonfahrt nennen, denn er war inzwischen Freiballonführer geworden. Er versuchte mit einigen Freunden, vor einem Gewitter die Elbe zu überqueren. Unter normalen Witterungsverhältnissen sei dies ein Kinderspiel gewesen, aber jetzt, vor dem Gewitter, habe der Ballon ungefähr fünfzig bis siebzig Meter vor dem Flußufer plötzlich fast eine ganze Minute stillgestanden und sei dann langsam vom Fluß weggetrieben. Bei einer erneuten Annäherung blieb er wiederum stehen und pendelte dann zurück. So ging es mehrere Male. Jedenfalls prallte der Ballon wiederholt wie vor einer unsichtbaren Wand zurück, obgleich von Pohl Ballast abgab und schließlich von 1700 Meter bis auf 3000 Meter Höhe stieg.

Die damalige Meteorologen-These von auf- oder absteigenden Luftströmen an Flußufern bei bevorstehenden Gewittern war damit widerlegt. Von Pohl sah sich mit seinem erdstrahlenfreien und folglich windstillen Raum über dem Fluß bestätigt.

Aber es kam noch phantastischer. Ich erzählte Ihnen schon, daß Pohl in Dachau eine Großentstörung vorgenommen hatte, die sich über mehrere Quadratkilometer erstreckte. Das war viel später und zwar genau im Jahr 1931, in dessen Sommer es eigentlich zahlreiche Gewitter gab. Merkwürdigerweise wurde jedoch das »entstörte« Dachau in jener Zeit nicht von einem einzigen Gewitter heimgesucht. Wie von Zauberhand stoppten die schwarzen Gewitterwolken, die in breiter Front gen Dachau anrückten, vor der Stadt und schwenkten dann nach rechts oder links ab. Nicht ein Gewitter kam im Sommer 1931 über das »entstrahlte« Dachau. Das war den Dachauern längst aufgefallen. Vielleicht werden sich noch heute manche Ältere daran erinnern. Soviel über Pohls Gewitter-Story.

Käthe Bachler[16] berichtet, ein Münchner Rechtsanwalt habe die Blitzeinschläge bei über hundert Bauerngehöften untersucht und festgestellt, daß sie nur dort erfolgen, wo sich Wasseradern mit großem Tiefenunterschied kreuzen. Dies sei aber keine neue Erkenntnis. Schon vor einem halben Jahrhundert habe ein Physikprofessor an der Wiener Hochschule ähnliches berichtet, und auch sie hätte in vierzehn Fällen die gleiche Feststellung treffen können.

Noch einmal zurück zu der These des Freiherrn von Pohl, wonach sich oberhalb der Flüsse ein erdstrahlenfreier Raum befindet. Moderne Meßmethoden scheinen diese Meinung zu widerlegen. Die Fachhochschule in Biberach/Riß bewies durch einen einfachen Test, daß Wasserläufe und geologische Verwerfungen der Bodenstruktur zu Änderungen des Polarisationswiderstandes führen. Der Versuch wurde an einem oberirdischen Wasserlauf, nämlich einem offenen Kanal, durchgeführt. Ein Fachhochschüler setzte sich auf eine Steinbrücke oberhalb dieses Kanals, also auf einen physiologisch ungünstigen Platz, der wegen des fließenden Wassers darunter als ausgesprochene Reizzone angesehen werden mußte. So ergab auch das Georhythmogramm erhöhte Meßwerte[16a] gegenüber einem ungestörten Platz. Dies spricht dafür, daß zumindest über diesem wasserdurchflossenen Kanal kein strahlungsfreier Raum gegeben sein konnte.

6.8 Bringt eine Entstörung oder Bettumstellung immer einen Sofort-Erfolg?

Die interessante Geschichte des ballonfahrenden Pioniers der Erdstrahlenforschung, des Freiherrn von Pohl, hat uns etwas abgelenkt.

Nehmen wir an, Sie hatten einen Rutengänger in Ihr »gestörtes« Haus gebeten und sind seinen Empfehlungen für eine Sanierung des Schlafplatzes nachgekommen. Dürfen Sie nun mit einer spontanen Besserung Ihrer Beschwerden oder Krankheiten rechnen?

Die Reaktionen werden verschieden sein. Wer noch nicht allzulange seinen Schlafplatz auf einer Reizzone hatte – insbesondere wenn die Intensität dieser Zone nicht allzu stark gewesen ist –, wird möglicherweise spontan seine Beschwerden verlieren.

Bei länger dauernder Belastung des Körpers durch eine Reizzone hat sich dieser vielleicht schon so sehr an den schädlichen Einfluß gewöhnt, daß nach Verlagerung auf einen störungsfreien Platz eine Art Gegenreaktion, die man mit einer Entzugserscheinung vergleichen könnte, eintreten wird.

Man kann das mit einem sehr einfachen Beispiel erklären. Vielleicht hatten Sie einmal das Pech, für eine Zeitlang einen Arm oder ein Bein in Gips tragen zu müssen. Sie freuten sich auf den Tag, an dem Ihnen der Arzt mit der Gipsschere endlich Ihren dicken Verband, den Sie mühsam mit sich schleppten, abnehmen würde. Als dann aber die Gipsschalen entfernt waren, empfanden Sie plötzlich das ungewohnte Gefühl, als »fehle Ihnen irgend etwas«. Sie hatten sich an die – eigentlich ja beschwerliche – zusätzliche Gipsbelastung gewöhnt, als sei sie notwendiger Bestandteil Ihres Körpers geworden. So könnte auch Ihr Organismus auf die entfallene Störstrahlung zunächst unwirsch reagieren und Ihnen ein paar Tage Herzklopfen oder andere unerklärbare Beschwernisse bereiten.

Sehen Sie also eine Assimilationsphase, die Ihnen in den ersten Tagen eher eine Verschlechterung Ihres Zustandes bringt, als positives Zeichen an.

Es sind Fälle bekanntgeworden, in denen Patienten nach einer Schlafplatzumstellung nach einigen Tagen wieder an den alten Schlafplatz zurückgekehrt sind.

Bei Krankheiten in einem weit fortgeschrittenen Stadium ist es denkbar, daß sich kaum eine Besserung bemerkbar macht. Ich darf in diesem Zusammenhang noch einmal kurz auf Kapitel 4.7 hinweisen, wo aufgrund einer praktischen Erfahrung berichtet wird, daß sich beispielsweise Krebskranke manchmal regelrecht von Reizzonen angezogen fühlen.

6.9 Ist die Heilung bei Schlafplatzverlegungen nur ein Placebo-Effekt?

Kritiker haben verschiedentlich eingewendet, die Sanierung des Schlafplatzes durch Verschieben sei letztlich nur eine »Glaubenssache« für den Patienten. Man könne ihn durch solche Maßnahmen genauso in seinem Denken und Fühlen beeinflussen wie durch Verabreichung einer harmlosen Kalktablette statt des wirkungsvollen Medikaments in gleicher Tablettenform und Aufmachung. Die Bettumstellung also als eine Art Suggestion?

Käthe Bachler[16] streitet nicht ab, daß diese Dinge in einem geringen Maße mitspielen können. Sie hat aber ein schlagendes Gegenargument. Welcher Säugling, der bisher instinktiv einer Reizzone durch Verkriechen in eine bestimmte Ecke seines Bettchens ausgewichen ist und nun in der umgestellten Wiege erholt und friedlich schlummert, könnte schon auf einen Placebo-Effekt reagieren? Er kann die Umstellung verstandesmäßig noch nicht realisieren, und seine instinktive Reaktion beweist die Wirksamkeit einer solchen Umstellung.

6.10 Wie Sie die Wirksamkeit einer Schlafplatzsanierung selbst überprüfen können

Wer selbst sensitiv begabt ist, hat es leicht, eine Entstörung nachzuvollziehen, weil ihm die Wünschelrute Aufschluß geben wird. Den meisten Menschen aber mangelt es an dieser besonderen Begabung. Wären sie sensitiv, würden sie wahrscheinlich gar nicht so lange auf einer Reizzone geschlafen haben. Sie hätten schon früher Unbehagen und Mißempfindungen verspürt.

Es gibt aber auch für den Nicht-Sensitiven ein einfaches Mittel, ohne Wünschelrute das Vorhandensein oder Fehlen von Reizstrahlen nachzuprüfen.

Der Arzt Dr. Ernst Hartmann aus Eberbach am Neckar hat herausgefunden, daß sich der sogenannte Körperübergangswiderstand eines Menschen über einer Reizzone verändert. Die Hauttemperatur sinkt ab. Das kann man durch Fotos mit einem Infrarotfilm eindrucksvoll beweisen. Nun ist die Infrarotfotografie auch beim begabten Amateur noch nicht zum Alltagshobby geworden. Deshalb kann man sich eines anderen Mittels bedienen, um die Veränderung der Hauttemperatur nachzuweisen. Es handelt sich um das sogenannte Elektro-Geobioskop, mit dem man den körpereigenen Widerstand mißt.

Normalerweise schwankt der elektrische Widerstand der menschlichen Haut zwischen 25 und 55 Kiloohm. Dies setzt voraus, daß die Versuchsperson gesund ist und sich nicht in einer Reizzone aufhält. Betritt sie jedoch eine

Reizzone, so wird der elektrische Hautwiderstand binnen Sekunden bis zu ungefähr 200 Kiloohm hochgetrieben. Die Hauttemperatur sinkt in einem solchen Fall ab, und als Folge davon erhöht sich der Hautwiderstand spontan.

Ich habe den Versuch wiederholt gemacht, nachdem mir ein Wünschelrutengänger eine Reizzone bezeichnet hatte. Betrug der Hautwiderstand in der neutralen Zone bei mir rund 40 Kiloohm, und ich machte nur einen Schritt zur Seite in die Reizzone, so konnten schon Sekunden später mehr als 80 Kiloohm nachgewiesen werden. An 200 Kiloohm bin ich nie gekommen. Möglicherweise war die Intensität der Strahlung hierfür nicht stark genug.

Wer Zweifel an der Existenz von Erdstrahlen und geopathischen Reizzonen hat, wird sich sicher seine eigenen Gedanken machen, wenn er von einem solch einfachen Versuch hört, den jeder nachvollziehen kann. Es bedarf noch nicht einmal eines Elektro-Geobioskops, das, wie ich

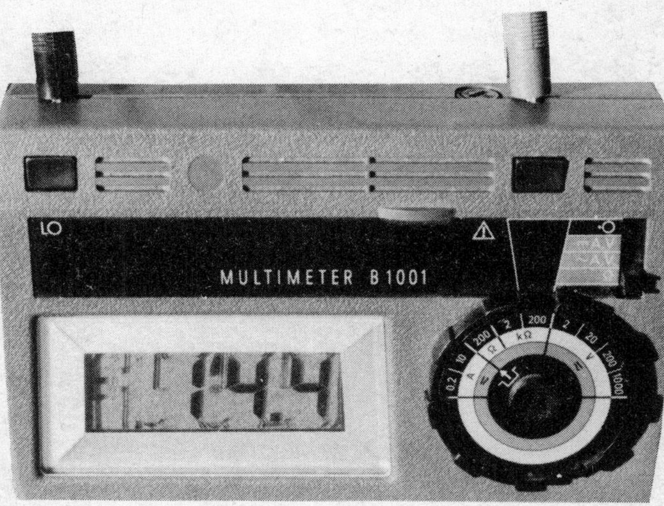

Abb. 11: Ein normales Kombi-Meßgerät, mit dem der Hautwiderstand gemessen werden kann.

hörte, vom Forschungskreis für Geobiologie speziell für Hautwiderstandsmessungen entwickelt worden ist. Ich habe mir bei einem befreundeten Elektriker ein ganz einfaches Kombi-Meßgerät entliehen, mit dem man außer der Spannung (Volt) und der Stromstärke (Ampere) auch den Widerstand (Ohm) messen kann. Die beiden Elektroden werden fest je eine mit jeder Hand umfaßt und sodann, nachdem eine zweite Person das Gerät eingeschaltet hat, aufmerksam der erste Ausschlag des digitalen Anzeigers festgehalten. Das Gerät ist für technische Messungen bestimmt und ganz sicher für die Messung des Hautwiderstands nur ein Notbehelf, doch ungefähre Werte kann man auch damit erhalten. Tritt man dann aus der Reizzone in eine neutrale Zone zurück und wartet einige Zeit, wird man bei erneuter Messung wieder einen normalen Wert von ungefähr 40 Kiloohm erhalten. Der Versuch ist so frappierend, daß ich ihn jedem Zweifler nur empfehlen kann.

7. WIE WÜNSCHELRUTENGÄNGER REIZZONEN FESTSTELLEN

7.1 Die mentale Mutung – eine Art psychologischer Programmierung

Sie haben im Kapitel 2.3 verschiedene Erklärungen gelesen und sich vielleicht auch schon ein eigenes Urteil darüber gebildet, welche Kraft die Wünschelrute wohl bewegen könnte.

Eine weitere Frage ist die, wie der »Empfänger« Mensch geistig eingestellt sein muß, um ein ganz bestimmtes Signal zu empfangen, das als »Mikrowelle« etwa von einem unterirdischen Wasserlauf in seinen Empfangsbereich »Körper« gelangt und dort zu einer Muskelreaktion führt.

Wie findet der Rutengänger den Unterschied zwischen einem Wasser- und einem Erzvorkommen heraus? Weshalb kann er etwas über die Tiefe und Fließrichtung der Wasserader sagen oder gar einen »geistigen Fühler« zu einem in einem Fuchsbau eingeklemmten Hund (vgl. Kapitel 2.10) bekommen?

Paul Schweitzer spricht von einer »geistigen Konzentration auf das wahrzunehmende Phänomen«. Der Rutengänger stellt sich »mental« auf das zu Erforschende ein. So hat sich der Begriff der »mentalen Mutung« bei den Radiästhesisten herausgebildet. Das ist eine recht vage Sache, weil sehr subjektiv und vom analytischen Verstand eines kritischen Beobachters nicht nachzuvollziehen. Der Rutengänger ist beispielsweise intuitiv überzeugt von der Richtigkeit einer Rutenbewegung, die eine linksdrehende Krebskreuzung zweier Wasseradern anzeigt. Sie aber stehen zweifelnd daneben. Es fehlt Ihnen sowohl die gedanklich-geistige Einstellung als auch die Sensitivität überhaupt. Verständlich, daß man nach einer Lösung suchte, die das subjektive Element einer Messung in den Hintergrund drängt und nachvollziehbare Ergebnisse erlaubt.

Sind Erdstrahlen extrem schwache elektromagnetische Felder im Mikrowellenbereich, so haben sie eine physikalische Natur, auch wenn sie mit normalen Sinnen nicht wahrnehmbar sind. Es lag also nahe, ein Instrument oder eine Methode zu finden, die von verschiedenen Rutengängern sozusagen als Norm benutzt wird und dann zu möglichst gleichen Ergebnissen führt. Das ist der Beginn einer Wiederholbarkeit, die von der experimentellen Wissenschaft gefordert wird.

7.2 Die Grifflängen-Meßtechnik – Empfang nach Art einer Antenne

7.2.1 Grobmessung mit Kunststoff-Ruten

Wenn Sie die Kunststoff-Wünschelrute (vgl. Abb. 12) betrachten, fallen Ihnen mehrere Markierungen auf, die mit farbigem Klebeband angebracht sind. Solche Geräte dürfen Sie als »Antenne« des Wünschelrutengängers verstehen. Sie werden zur Grobmessung der Wellenlänge von Erdstrahlen eingesetzt. Wenn schon elektromagnetische Felder, wenn schon Mikrowellen, dann müssen sie auch jeweils eine bestimmte Wellenlänge haben: Daran führt kein Weg vorbei.

So hat denn der Diplom-Physiker Reinhart Schneider eine Grifflängenmethode als Meßinstrumentarium begründet.

Wenn mehrere Untersuchungen verschiedener Rutengänger ergeben haben, daß ein bestimmtes Phänomen als Mikrowellenstrahlung mit der Wellenlänge von beispielsweise 9,2 empfangen werden kann, also einen Rutenausschlag hervorruft, so ist es doch naheliegend, für dieses spezielle Phänomen auf der V-förmigen Polyamid-Wünschelrute eine Markierung bei 9,2 anzubringen und als Anhaltepunkt zu benutzen.

7.2.2 Die Lecher-Antenne – eine Wünschelrute mit Feinabstimmung

Reinhart Schneider ging noch einen Schritt weiter, nachdem er die Grifflängentechnik begründet hatte. 1951 entwickelte er die sogenannte Lecher-Antenne.

Im Prinzip handelt es sich dabei um zwei ca. 20 cm lange elektrische Leiter, die parallel geführt und auf einer Kunststoffplatine aufgedruckt sind. Ein Kurzschlußschieber erlaubt die Einstellung jeweils des vierten Teils einer Wellenlänge (vgl. Abb. 14).

Tausende von Wünschelrutengängern haben schon mit der Lecher-Antenne gearbeitet und den Vorteil der Reproduzierbarkeit als Bestätigung ihrer Fähigkeiten erkannt. Wenn nämlich verschiedene Rutengänger die glei-

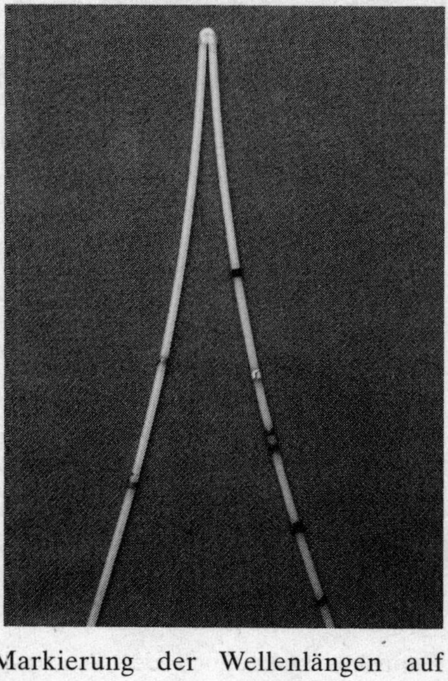

Abb. 12: Markierung der Wellenlängen auf Kunststoff-Wünschelrute

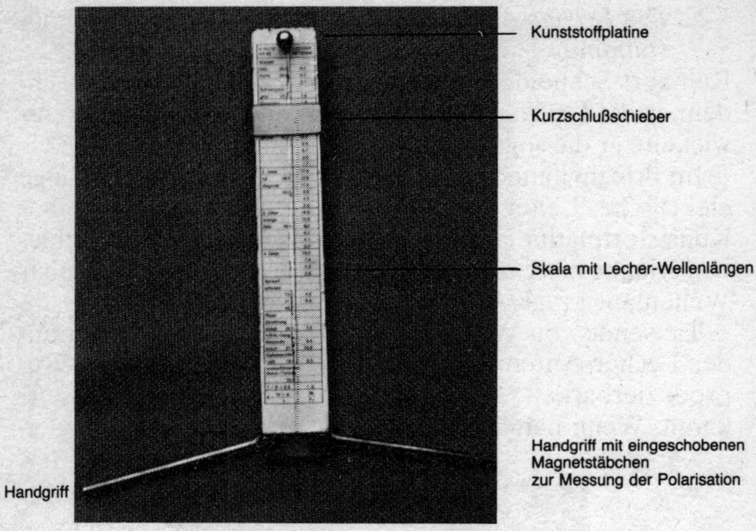

Abb. 13: Die Lecher-Antenne mit ihren Einzelteilen

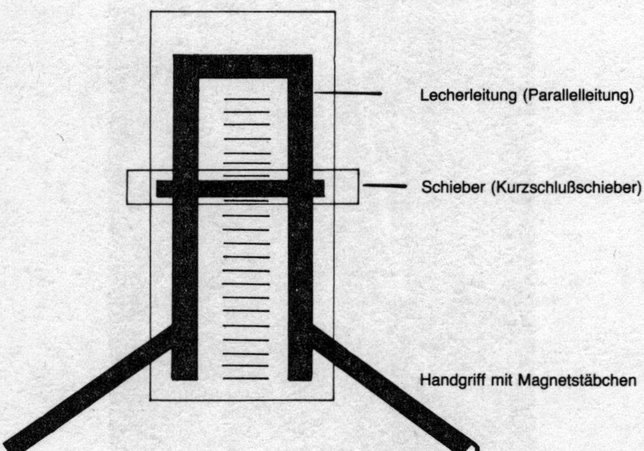

Abb. 14: Vereinfachte Darstellung des Prinzips der Lecher-Antenne

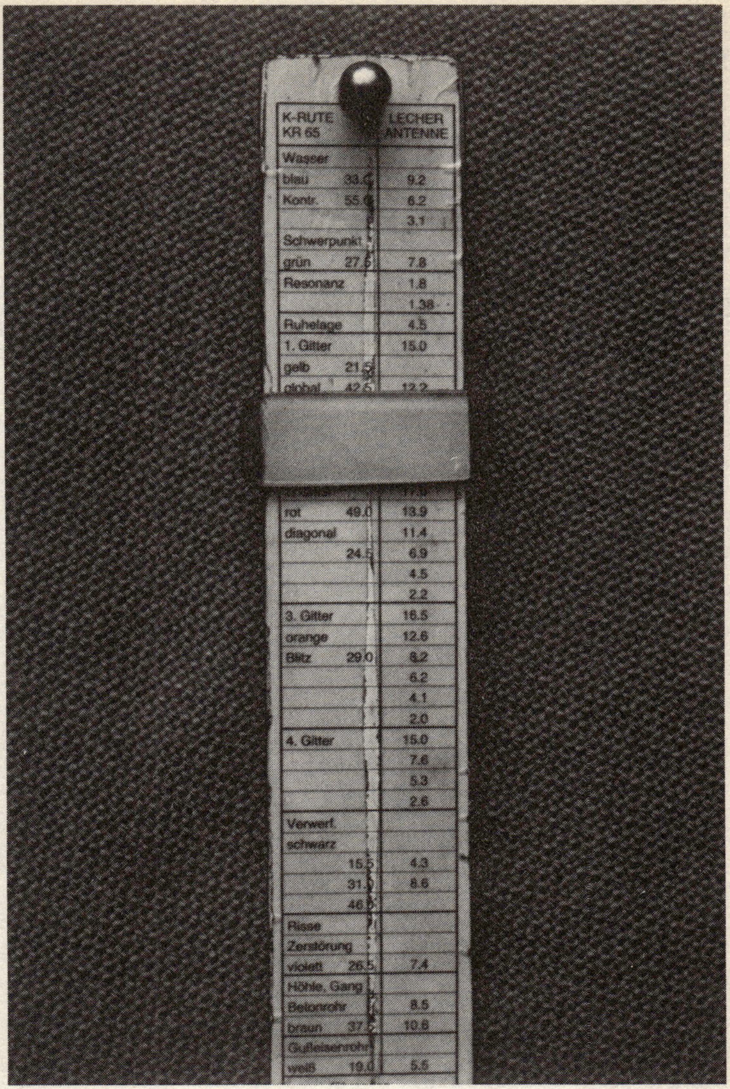

Abb. 15: Skala einer Lecher-Antenne

che Wellenlänge auf ihren Lecher-Antennen einstellen, müssen sie auch an der gleichen Stelle eines zu untersuchenden Phänomens einen Reaktionsausschlag verspüren.

Eindrucksvoll kann die Funktionstechnik der Lecher-Antennen im Empfangsbereich eines Mikrowellensenders demonstriert werden. Es sollte sich um einen abstimmbaren Sender handeln. Wird seine Wellenlänge entsprechend der Resonanzwellenlänge der Lecher-Antenne festgelegt, kann der Rutengängger einen Ausschlag verspüren.

Die Lecher-Antenne erlaubt also eine Differenzierung der radiästhetischen Phänomene durch Verstellung des Kurzschlußschiebers. Im Prinzip ist dies nichts anderes, als wenn der Rutengänger auf seiner Kunststoff-Wünschelrute (vgl. Kapitel 7.2.1) die Wellenlängen entsprechend der auf der Rute angebrachten Markierungen »abgreift«.

Nun werden Sie fragen, weshalb sich denn ausgerechnet Erdstrahlen auf zwei 20 cm langen parallelen Leitern empfangen lassen, ja, je nach Verschieben des Kurzschlußschiebers sogar noch in einer bestimmten Wellenlänge zu erkennen geben.

Das Verständnis des Prinzips ist nicht allzu schwierig, falls Sie schon einmal etwas über sogenannte stehende Wellen gehört haben sollten.

Der Physikunterricht ist längst vergessen. Nun gut, Sie werden auch ohne diese Grundkenntnisse durchsteigen. Werfen Sie also mal in Gedanken einen Stein ins Wasser. Die Wellen schwingen nach allen Seiten davon. Sie sind also »fortschreitend« und nicht »stehend«. Stellt sich ihnen jedoch ein Hindernis entgegen, so werden sie zurückgeworfen, und sie schwingen mit ihrem Wellenberg und ihrem Wellental in sich an der gleichen Stelle.

Der österreichische Physiker E. Lecher (1856–1926) hat das nach ihm genannte Lecher-System erfunden. Die beiden parallelen Drähte sind ein technisch einfaches Leitungssystem der Höchstfrequenztechnik, mit dem Wellenlängen gemessen werden können. Außerdem sind sie ein Schwingkreis. Treffen nun Erdstrahlen auf diesen

Schwingkreis, wirkt das Ende der parallelen Drähte wie ein Reflektor, und entlang der Drehleiter werden »stehende« Wellen induziert. Ihre Länge ist meßbar, weil der simple Kurzschlußschieber ein beliebiges Verlängern oder Verkürzen des Schwingkreises gestattet. Alles klar?

7.3 Links oder rechts polarisiert – krank machend oder harmlos?

Den Fotografen unter Ihnen ist das »Polfilter« ein Begriff. Sie können damit Spiegelungen auf Fotos beseitigen, also beispielsweise eine Person hinter einer reflektierenden Auto-Windschutzscheibe genau abbilden. Je nach Kameratyp benötigen Sie ein lineares oder zirkulares Polarisationsfilter. Das Filter sperrt die UV-Strahlung und erhöht die Farbsättigung. Die Lichtstrahlen verlassen das Filter, nachdem sie es passiert haben, entweder in einer Richtung (linear) oder aber kreisförmig (zirkular).

Sagen wir es noch etwas einfacher: Licht ist – genau wie Erdstrahlen – eine elektromagnetische Strahlung. Durch Polarisation wird aus dem nach allen Seiten schwingenden Lichtbündel Licht in der Weise herausgefiltert, daß es nur noch in *einer* Ebene schwingt.

Auch bei den radiästhetischen Phänomenen (bei den Erdstrahlen) läßt sich eine Polarisation nachweisen, die als *zirkular* festgestellt wurde.

Von großer Wichtigkeit für die Gesundheit des Menschen ist die Frage, ob die Polarisationsart sich rechts- oder linkszirkular (rechtsdrehendes oder linksdrehendes Wasser) darstellt.

Die von Wasseradern unter der Erdoberfläche ausgehende elektromagnetische Strahlung kann der geübte Wünschelrutengänger als rechts- oder linkszirkular unterscheiden. Ungefähr 70 bis 80 % aller Wasseradern haben Linkszirkularpolarisation, die der Gesundheit des Menschen abträglich ist. Die restlichen 20 bis 30 % sind rechts-

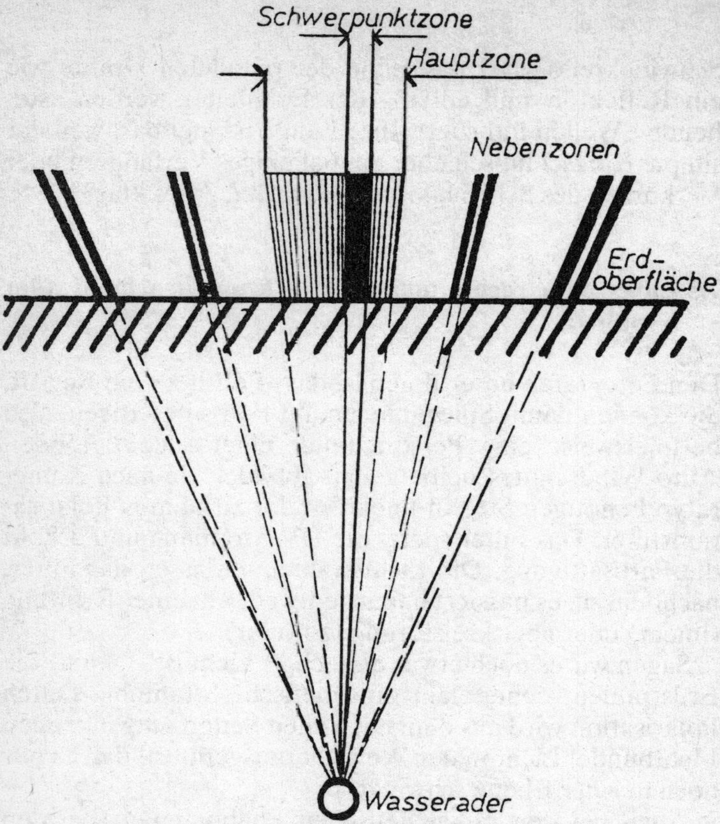

Abb. 16: Schematische Darstellung des Strahlungsfeldes einer Wasserader im Schnitt senkrecht zur Fließrichtung. (Mit freundlicher Genehmigung von Herrn Dr. rer. nat. Paul Schweitzer und des Karl F. Haug-Verlags Heidelberg, entnommen dem Buch *Neue Erkenntnisse zum Verständnis der Geopathie,* zweite verbesserte Auflage 1986. Im gleichen Verlag erschien: Ernst Hartmann, *Krankheit als Standortproblem, Band 1,* fünfte Auflage 1986 und *Band 2,* erste Auflage 1986).

Abb. 17: Die Abbildung zeigt sowohl die Rutenreaktionen als auch elektrische Potentialdifferenzen über einem Grundwasserlauf. (Aus: Dieter Aschoff, *Kann die offizielle Wissenschaft die Theorie von der Entstehung des Krebses auf Reizzonen heute noch ablehnen?*, Wuppertal-Elberfeld).

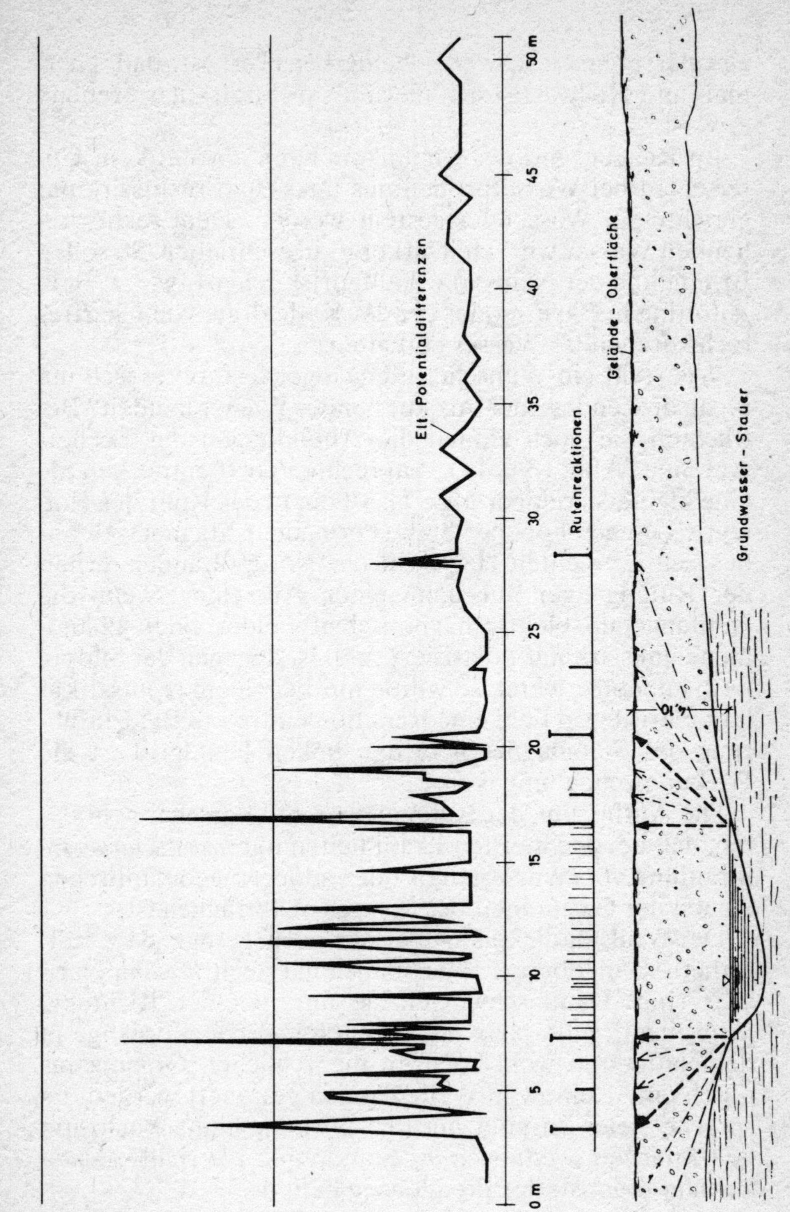

mV
20,0
mV
10,0
mV
0,0
0 m
5
10
15
20
25
30
35
40
45
50 m
Elt. Potentialdifferenzen
Rutenreaktionen
Gelände - Oberfläche
4,10
Grundwasser - Stauer
Grundwasserlauf

zirkular polarisiert, wobei bemerkenswert ist, daß Thermal- und Heilwasser sich meist als rechtszirkular drehend erweist.

Im Reagenzglas des Chemikers kann absolut kein Unterschied bei Wasserproben aus links- und rechtszirkular gerichtetem Wasser festgestellt werden. Dem rechtsdrehenden Wasser wird Heilwirkung zugeschrieben. So sollen Brunnen in der Nähe von Wallfahrtskirchen – wie. z. B. in Altötting in Bayern oder bei der Kathedrale von Chartres rechtsdrehendes Wasser enthalten[2].

Wie stellt ein Wünschelrutengänger fest, ob es sich um rechtsdrehendes oder linksdrehendes Wasser handelt? Betrachten Sie noch einmal die Abbildungen der Lecher-Antenne (Abb. 13 u. 14). Am rechten Griff entdecken Sie eine kleine Verlängerung. Das ist ein in das Rohr des Haltegriffs eingeschobener Stab (Permanent-Magnet). Befindet sich im rechten Handgriff der Nordpol außen, erhält der Rutengänger nur dann einen Ausschlag, wenn die empfangenen elektromagnetischen Felder oder Phänomene linkszirkular polarisiert sind. Ist dagegen der Südpol nach außen gerichtet, so würde nur bei einem rechtszirkular polarisierten Feld eine Reaktion eintreten. Bei Einführung des Stabmagneten in den linken Handgriff ist die Wirkung genau umgekehrt.

Die Auffassung der Rutengänger und Forscher geht dahin, daß bei den meisten Krankheiten nur *linkspolarisierte* Strahlung von Wasseradern oder anderen geomantischen Zonen der Gesundheit des Menschen abträglich ist.

Der Vollständigkeit halber sei noch gesagt, daß radiästhetisch meßbare Felder manchmal auch *linear* polarisiert sind. Dann schwingen sie nur in einer Richtung. Schweitzer[9] geht davon aus, daß biologische Vorgänge in der Natur und wohl auch im menschlichen Organismus durch eine Reihe von Wellenlängen gesteuert werden. Es spreche vieles für eine günstige Wirkung beim Wachstum von Pflanzen, wenn sich ihr Standpunkt oberhalb rechtszirkular polarisierter Frequenzen befinde.

Schweitzer ging außerdem der Frage nach, ob bei der Entstehung verschiedener Krebsarten auch verschiedene Wellenlängen im Spiel sind, wenn man von der Annahme ausgeht, daß mit der Wünschelrute meßbare Felder an der Krebsentstehung beteiligt sind.

Nach Schweitzer sind zahlreiche Schlafplätze, an denen Menschen krebskrank wurden, auf die Wellenlängen der radiästhetisch meßbaren Felder untersucht worden. Es wurden sieben verschiedene Wellenlängen mit einem bestimmten Einstellwert auf der Lecher-Antenne ermittelt, die in einen Zusammenhang mit der Krebsentstehung gebracht werden konnten. Sämtliche sieben Wellenlängen sind linkszirkular polarisiert.

Nun hat die Schulwissenschaft ja gegenüber der krank machenden Wirkung von radiästhetischen Feldern eine durchweg reservierte bis ablehnende Haltung eingenommen (vgl. Kapitel 3.2 und 4.6). Andererseits gibt es keinen wissenschaftlichen Zweifel an der krebsauslösenden Wirkung der sogenannten Kanzerogene, wie z. B. Asbest, Benzpyren, Acrylnitril usw. Vor Jahren war zu lesen, daß Schulsporthallen, deren Decken mit Asbest verkleidet waren, wegen der in der Luft umherschwirrenden winzigen Partikel saniert werden mußten. Also untersuchten Rutengänger mit der Lecher-Antenne auch einige der bekanntesten krebserzeugenden Chemikalien. Die von den Kanzerogenen ausgesandten Wellenlängen entsprachen den sieben krank machenden Wellenlängen, und alle sieben waren wiederum linkspolarisiert.

Aus dem Forschungsergebnis möchte Schweitzer schlußfolgern, daß krebsauslösende Stoffe möglicherweise nicht auf chemischer Basis, sondern auf biophysikalischem Wege wirksam werden.

7.4 Eine unterirdische Wasserader und ihr Strahlungsfeld

Das von einer unterirdischen Wasserader ausgehende und an der Erdoberfläche wahrnehmbare Strahlungsfeld ist vielschichtig. Es besteht aus einer Schwerpunktzone, sozusagen dem Kern, der in die Hauptzone eingelagert ist, sowie aus verschiedenen Nebenzonen, die zur Hauptzone symmetrisch angeordnet sind.

Bei Bohrungen zur Erschließung von Wasserquellen muß der Bohrpunkt auf der Schwerpunktzone angesetzt werden. Die Breite der Schwerpunktzone schwankt von zehn Zentimetern bis hin zu vielen Metern, wenn es sich um einen breiten unterirdischen Wasserlauf handelt. Die höchste Strahlenintensität wird in der Schwerpunktzone festgestellt. Man vermutet, daß die Strahlung der Hauptzone – außerhalb der Schwerpunktzone – und der Nebenzonen keine krank machende Wirkung mehr hat.

8. KÖNNEN AUCH NICHT-RUTEN-GÄNGER REIZZONEN ORTEN?

»Hauptauslöser aller Rutenphänomene ist der Mensch«, sagte Ernst Hartmann in seinem Vortrag auf der Frühjahrstagung 1985 des Forschungskreises für Geobiologie.

Aber der Mensch ist ein nicht immer zuverlässiges »Instrument«, denn er reagiert auf gleiche Reize – je nach Veranlagungs- und Reaktionstyp – manchmal unterschiedlich. Ja, schon die Einnahme von Medikamenten oder Alkohol kann sein Ergebnis als Rutengänger beeinflussen.

Auch Paul Schweitzer[9] stellt heraus, daß die Lokalisierung von Reizzonen nur durch eine subjektive Messung mit der Wünschelrute möglich ist. In einem Schriftwechsel bestätigt mir der durch zahlreiche Veröffentlichungen auf dem Gebiet der Radiästhesie bekannt gewordene Wissenschaftler diese These. Anomalien der Feldstärke von UKW-Sendern und des Erdmagnetfeldes korrelieren nach seiner Ansicht nicht mit den Reizzonen. Schweitzer hält also UKW-Meßempfänger für ungeeignet zur Ortung von Reizzonen.

Die Ansicht der Rutengänger zu dieser Frage ist geteilt. Ich kann als Außenstehender nur die gegensätzlichen Standpunkte deutlich machen und muß es den Forschern überlassen, daß fortschreitende Erkentnisse eines Tages zu einer einheitlichen Expertenmeinung führen werden. Wäre ich der Gilde der Forscher zuzurechnen, ich weiß nicht, ob es für Sie, verehrter Leser, unbedingt ein Vorteil wäre. Ich wäre ganz sicher in einer Richtung festgelegt. Würde die Zeit zeigen, daß es die richtige ist, um so besser für Sie. Wäre es aber eine irrige Auffassung, so würden Sie naturgemäß die andere Meinung, sollte sie sich später als richtig herausstellen, in diesem Buch nicht finden.

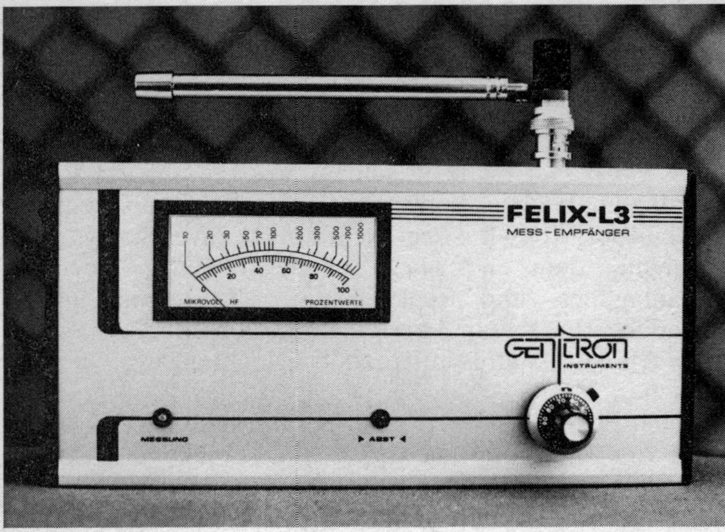

Abb. 18: UKW-Meßempfänger zur Ortung von Erdstrahlen (genitron instruments GmbH, Frankfurt)

8.1 UKW-Meßempfänger – notfalls tut es auch ein Kofferradio mit Teleskopantenne

1978 wurde eine bei der Universität Wien eingereichte Diplomarbeit bekannt, die sich u. a. mit dem elektromagnetischen Feld über Reaktionszonen beschäftigt[32].

Der Verfasser weist nach, daß sich die UKW-Feldstärke über Reizzonen verändert. Sie kann größer oder kleiner

Abb. 19: Die Abbildung zeigt eine Grundstrahlungs- und UKW-Messung über einer unterirdischen Quelle und ist der Schrift *Kann die offizielle Wissenschaft die Theorie von der Entstehung des Krebses auf Reizzonen heute noch ablehnen?* von Dieter Aschoff entnommen.

Nachdem die Quelle angebohrt war, bestätigten sich die Angaben über Menge und Tiefe.

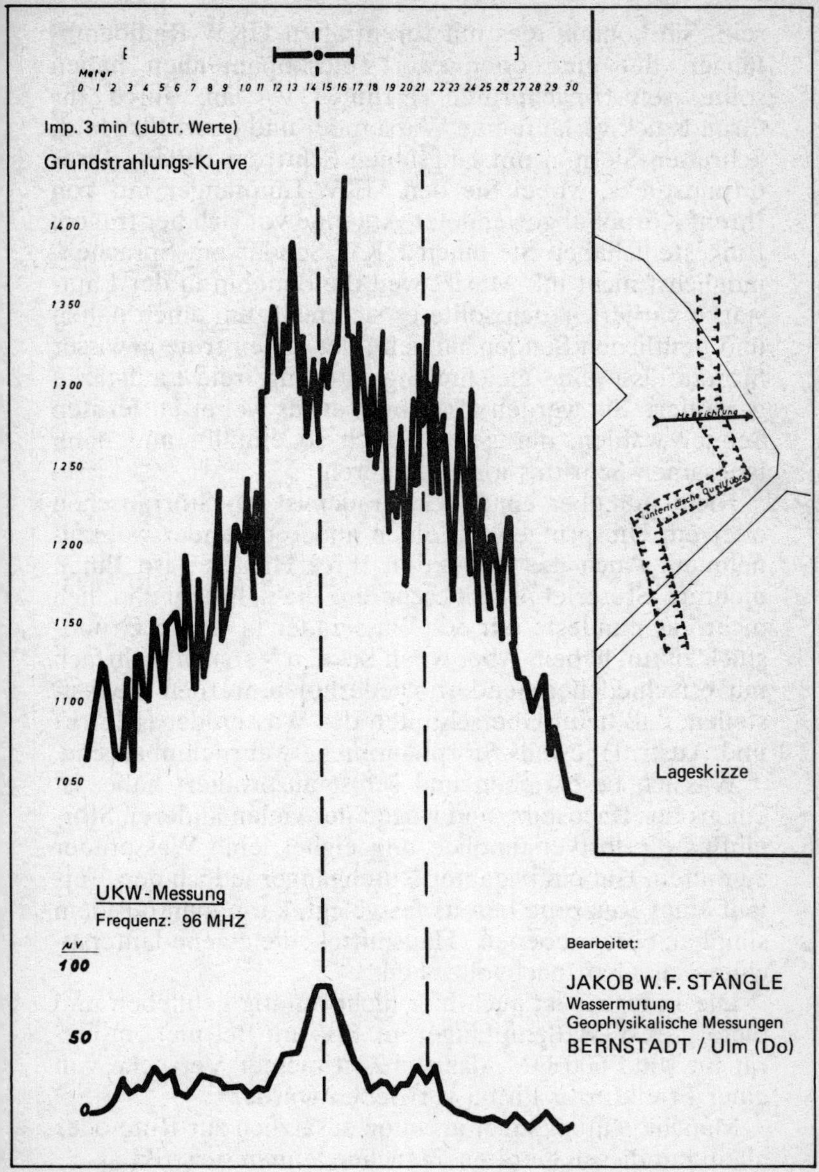
Meter
0 1 2 3 4 5 6 7 8 9 10 11 12 13 14 15 16 17 18 19 20 21 22 23 24 25 26 27 28 29 30
Imp. 3 min (subtr. Werte)
Grundstrahlungs-Kurve
1400
1350
1300
1250
1200
1150
1100
1050
Meßrichtung
unterirdische
Lageskizze
UKW-Messung
Frequenz: 96 MHZ
µV
100
50
0
Bearbeitet:
JAKOB W. F. STÄNGLE
Wassermutung
Geophysikalische Messungen
BERNSTADT / Ulm (Do)

sein. Sie können dies mit Ihrem alten UKW-Radioempfänger, der eine oder zwei Teleskopantennen haben sollte, selbst nachprüfen. Nehmen wir an, durch Ihr Grundstück verläuft eine Wasserader und quert Ihr Haus. Schreiten Sie nun mit langsamen Schritten entlang Ihres Grundstücks, wobei Sie den UKW-Empfänger mit von Ihrem Körper abgewendeter Antenne vor sich her tragen. Eingestellt haben Sie einen UKW-Sender mit Sprache – möglichst nicht mit Musik, weil die ohnehin in der Lautstärke variiert. Auch sollte es sich nicht um einen nahen und deutlichen Sender handeln, der Ihnen trotz gewisser Störeinflüsse eine gleichmäßige störungsfreie Lautstärke garantiert. Sie werden also einen etwas weiter entfernten Sender wählen, der gerade noch so einfällt, und dann langsamen Schrittes losmarschieren.

Nicht nur über einer Wasserader ist ein Störrauschen oder ein Umspringen auf einen anderen Sender wahrzunehmen. Auch die Reflektion Ihres Hauses wird Ihnen mehrere Störerlebnisse bescheren, die selbstverständlich nicht das mindeste mit der Wasserader in Ihrem Grundstück zu tun haben. Aber wenn Sie den Versuch mehrfach mit verschiedenen Sendern wiederholen, werden Sie feststellen, daß beim Überschreiten der Wasserader (Eintritt und Austritt) jeweils Störphänomene wahrnehmbar sind.

Was ich beschrieben und selbst ausprobiert habe, ist ein grober Buchstabe und wegen der vielen anderen Störeinflüsse selbstverständlich ungeeignet, eine Wasserader zu muten. Hat ein begabter Rutengänger jedoch den Verlauf einer Reizzone bereits festgelegt, kann man mit dem simplen, beschriebenen »Hausmittel« die eigene Untersuchung laienhaft nachvollziehen.

Die Industrie ist auch hier nicht untätig geblieben und bietet UKW-Meßempfänger an. So zum Beispiel ein Gerät für rund 600 DM, das zur Zeit meiner Versuche von einer Frankfurter Firma vertrieben wurde.

Manche Rutengänger arbeiten zusätzlich zur Rute oder allein mit diesen Geräten; manchen lehnen sie strikt ab.

Zum Rutengehen und richtigen Eingrenzen einer Reizzone mit ihren verschiedenen Wellenlängen, deren pathogene Wirkung nicht gleich ist, gehört sicher mehr als die technische Bedienung eines Meßempfängers. Darüber wird es keinen Zweifel geben.

Auch mit Ihrem tragbaren Fernsehgerät können Sie nach Störzonen Ausschau halten, wobei sie die Antenne nach oben stehen lassen. Bei Beginn der Reizzone müßte sich eine Bildstörung einstellen.

8.2 Eine neue Meßmethode aus Japan: Glasfasersensoren

Die minimale Energie der hochfrequenten Erdstrahlen ist das hauptsächliche Handikap, das einer exakten wissenschaftlichen Messung entgegensteht. Sie beträgt weit weniger als 1 Mikrowatt (das ist ein Millionstel Watt!) pro Quadratzentimeter.

Nun wird aus Japan berichtet[33], es sei ein neuartiges Meßverfahren entwickelt worden, mit dem noch Magnetfelder nachgewiesen werden könnten, die hundertfach geringer sind als das Erdmagnetfeld.

Professor Yoichi Fujii von der Universität Tokio hat das neue Meßprinzip entdeckt. Er benutzt Glasfasersensoren, die von einer einzigen Laserlichtquelle gespeist werden und von denen eine einzelne Glasfaser mit dem magnetisch empfindlichen Metall Nickel versehen ist. Bekanntlich reagieren nur die Metalle Eisen, Nickel und Kobalt auf Magnetismus.

Trifft nun ein winziges Magnetfeld auf die Nickel-Glasfaser, so führt dies zu einer Phasenverschiebung in der genannten Faser, die sich durch Vergleich mit der anderen Glasfaser (ohne Nickelzusatz) sehr genau nachweisen läßt.

Dem neuen Meßverfahren wird nachgesagt, es sei so empfindlich, daß man damit schon Veränderungen des Magnetfelds des menschlichen Körpers erfassen könne, die auf die Blutbewegungen durch den Herzschlag zurückgehen.

8.3 Der veränderte Hautwiderstand – mit einem gewöhnlichen Ohmmeter feststellbar

Diese Methode zum Nachweis von Reizzonen halte ich für Laien am leichtesten durchführbar, weil jeder Elektriker um die Ecke Ihnen einen Widerstandsmesser (Ohmmeter) ausleihen wird, damit Sie Ihre Versuche machen können. Allerdings müßte Ihnen vorher ein Rutengänger, wenn Sie nicht selbst sensitiv sind, die Reizzone, auf der Sie Ihre Versuche machen wollen, genau lokalisiert haben.

Achten Sie bitte darauf, daß der Widerstandsmesser die Maßeinheit *Kilo*ohm, also jeweils 1000 Ohm, haben muß.

Wie Sie im einzelnen vorgehen, ist bereits in Kapitel 6.10 eingehend beschrieben worden.

8.4 Weitere technische Meßmethoden

Es gibt noch weitere technische Meßmethoden zum Nachweis von Reizzonen, die sich aber, genauso wie die japanische Erfindung der Glasfasersensoren, dem Laien weitgehend verschließen. So wird in der Fachliteratur zum Beispiel das Szintillations-Meßgerät aufgeführt.

In einem Nachwort zum Buch des Freiherrn von Pohl[15] berichtet der Verlag von Messungen des Radiologischen Instituts Freiburg mit dem genannten Gerät, die über geologischen Brüchen und Spalten in der Schweiz durchgeführt wurden. Die Antwort der Wissenschaftler auf die Anfrage, ob es sich bei der Erdstrahlung um thermische Neutronenstrahlen handele, lautet, daß ein überzeugender wissenschaftlicher Nachweis, »daß die Reaktionen von Rutengängern generell auf den Fluß thermischer Neutronen zurückzuführen seien, nicht bekannt ist«. Allerdings stellen

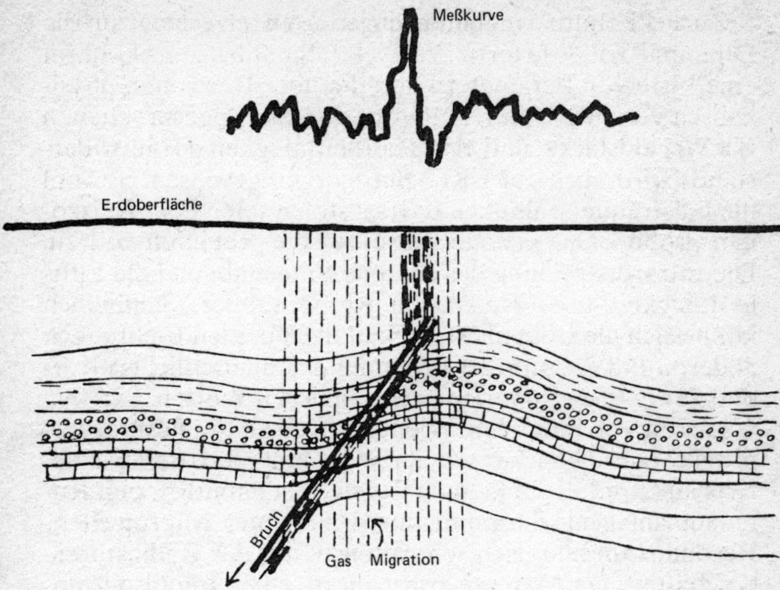

Abb. 20: Auch die Amerikaner Williams und Lorenz arbeiteten mit dem Szintillations-Meßgerät, wenn sie geologische Brüche in der Erdoberfläche untersuchten. Sie bestätigten die schon bekannte Feststellung, daß Ionisation über geologischen Brüchen zunimmt und im übrigen in der Nacht dreimal so stark ist als tagsüber. Allerdings führten die Amerikaner die mit ihrer Ionisationskammer erzielten Ergebnisse nicht auf Erdstrahlen, sondern auf eine Gammastrahlung zurück, die sie als aus großer Tiefe kommend vermuteten. (Entnommen aus: *Kann die offizielle Wissenschaft die Theorie von der Entstehung des Krebses auf Reizzonen heute noch ablehnen?* von Dieter Aschoff, Wuppertal-Elberfeld.)

die Forscher nicht in Abrede, daß möglicherweise Rutengänger auch gegenüber ionisierenden Strahlen und Neutronenstrahlen sensitiv sein könnten. Beim Neutronenfeld der Erde folgt aber gleich der Hinweis auf die kosmische Höhenstrahlung und nicht etwa auf die Erdstrahlung.

Zurückkommen möchten ich jedoch noch einmal auf die Diplomarbeit des Herrn Werbick[32]. Sie führt ganz konkret eine Liste von Parametern auf, die über Reizzonen physikalisch verändert sind. Außer der bereits angesprochenen UKW-Feldstärke und der Hautleitfähigkeit (Hautwiderstand) wird auch auf EKG-Befunde hingewiesen. Sowohl die Pulsfrequenz als auch Extrasystolen seien über Reizzonen größer. Das gleiche treffe auf die Reaktionszeit zu. Die Infrarotstrahlung des Bodens nehme ab, und die Luftleitfähigkeit über Reizzonen werde größer. Schließlich könne sich die Bodenleitfähigkeit nach beiden Richtungen ändern, und die Infrarotstrahlung des menschlichen Körpers führe über Reizzonen zu geringeren Werten.

Lassen wir noch den Wiener Physiker für Festkörperphysik, Dr. Otto Maresch, zu Wort kommen, den wir bereits aus Kapitel 2.3 kennen. Er sieht bekanntlich den Rutenausschlag in Zusammenhang mit einer Mikrowellen-Resonanz und hat sich sehr intensiv mit der Radiästhesie beschäftigt. Dr. Maresch konstruierte einen Impulsdermographen. Das Gerät erzeugt Schwingungen, die man mit Handsonden durch den menschlichen Körper schicken kann. Dabei »antworten« die Körperzellen, aber die »Antwort« ist nicht immer die gleiche. Sie verändert sich durch Einwirkung äußerer Energien auf den Körper, mithin auch über Reizzonen.

8.5 Kursprogramme für Laien

Die faszinierende Welt der Radiästhesie ist für Nicht-Rutengänger oder »Noch-nicht-Rutengänger« nicht verschlossen. Auch wer die sensitive Fähigkeit des Rutenausschlags an sich noch nicht entdeckt hat, kann die in langen Jahrhunderten verschüttete Fähigkeit wachrufen lassen und trainieren.

Vereine von Rutengängern und Arbeitskreise geben Anfängern und Fortgeschrittenen Gelegenheit zum Einar-

Abb. 21: Gruppenkurse für Rutengänger gab es auch schon früher. Die Kleidung der Radiästheten, die so gar nicht »geländegerecht« ist, läßt auf die zwanziger Jahre schließen (Ullstein-Bilderdienst).

beiten in die Materie und zum Austausch praktischer Erfahrungen.

Von besonderem Interesse dürften Informationskurse »Geobiologie-Geopathie« für Ärzte, Architekten und Interessenten aus verwandten Berufen sein, die eine Gesamtübersicht über die Eigenschaften und biologischen sowie pathogenen Wirkungen der Erdstrahlen und anderer physikalischer Felder vermitteln. Schließlich wird noch ein Spezialseminar über »Physikalische Radiästhesie« für Fortgeschrittene angeboten.

Auch der »Forschungskreis für Geobiologie E. V.« (Geschäftsstelle 69429 Waldbrunn, Telefon 06274/6868) – nach eigenen Angaben mit 2000 Mitgliedern Deutschlands größter Forschungskreis – bietet Wochenend-Informationskurse für Anfänger und Fortgeschrittene an. Die Kursgebühren betragen für Nichtmitglieder 250 DM und für Mitglieder des »Forschungskreises für Geobiologie« 210 DM. Themen sind die theoretische und praktische Einführung in das Rutengehen mit Übungen im Gelände, die bis zum selbständigen Auffinden von Reizstreifen hinführen. Ferner werden physikalische und biophysikalische Grundlagen der Geobiologie und der Meßtechnik zur Elektrobiologie und Baubiologie vermittelt.

9. GITTERSYSTEME – WEITGEHEND UNERFORSCHTE PHÄNOMENE

9.1 Das Globalnetzgitter – ein Rechteck mit Doppelzonen

Der Laie ist schon irritiert genug, wenn er in Kapitel 7.4 beispielsweise gesehen hat, welch komplizierte Strahlung von einer unterirdischen Wasserader ausgeht. Die Frage, was Erdstrahlen überhaupt sind und woher sie kommen (vgl. Kapitel 3), ist trotz der verschiedenen Hypothesen in ihrer Lösung verwirrend.

Nun haben aber Rutengänger noch ein weiteres Phänomen festgestellt, das sie nicht mit unterirdischen Wasseradern oder Bodenverwerfungen in Einklang bringen können. Anfang der fünfziger Jahre entdeckte der Radiästhet Ernst Hartmann ein gitterartiges System von Strahlen, von dem man annimmt, daß es die ganze Erde umgibt. So gesehen ist es ubiquitär, also ein überall auf der Erde vorfindbares Gittersystem.

Hartmann nannte seine Entdeckung »Globalnetzgitter«. Nach seinem Namen wird es aber auch als »Hartmann-Netzgitter« oder als »Erstes Gitter« bezeichnet.

Der Ursprung des Globalnetzgitters ist – anders als bei Wasseradern oder Bodenverwerfungen – nicht in einer Strahlung aus der Erde zu suchen, sondern in einer Strahlung, die von oben auf die Erde kommt. Diese Strahlung hat offensichtlich eine gitterartige Beschaffenheit. Woher sie kommt, weiß man nicht, aber man hat die »Maschengröße« vermessen, wenn ich einmal so sagen darf. Es ließ sich nämlich bei Ausschlägen mit der Wünschelrute ein bestimmter Abstand feststellen, und so kam man zu einem Rechteck von ca. 2 mal 2,50 Meter (vgl. Abb. 22).

Wo ist der Ursprung des Globalnetzgitters? Möglicherweise spielt die elektromagnetische Strahlung der Sonne, der sogenannte Sonnenwind, eine Rolle.

Andererseits sind die Reaktionszonen des Globalnetz-

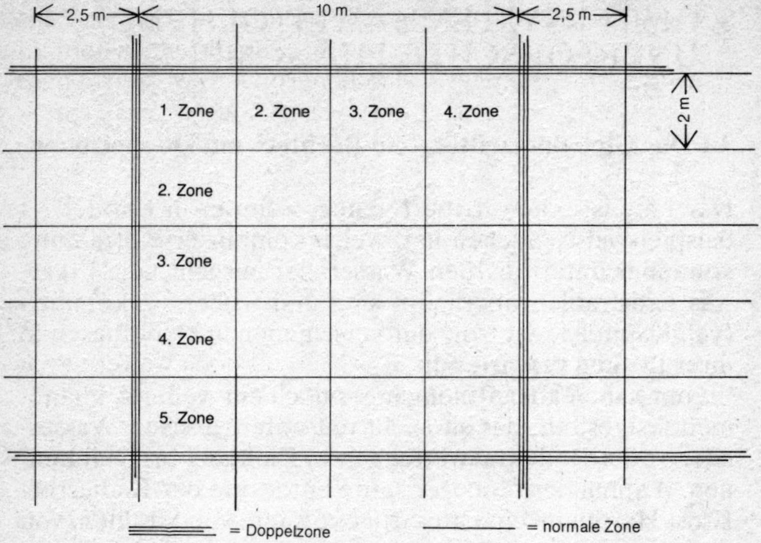

Abb. 22: Das Globalnetzgitter in ungefährem, für Mitteleuropa zutreffendem Maßstab

gitters auf der Erde zeitlich konstant, und das wiederum spricht gegen elektromagnetische Strahlen der Sonne, die notwendigerweise die Reaktionszeiten zeitlich fortschreitend verändern müßten.

Rutengänger fanden im Globalnetzgitter im Abstand von zehn Metern besonders breite Reaktionszonen, die sie Doppelzonen genannt haben. Da das Globalnetz in Nord-Süd-Richtung ausgelegt ist und als Rechteck Kantenlängen von ca. 2,5 Meter bzw. 2 Meter hat, ist jede fünfte Zone der Nord-Süd-Richtung und jede vierte Zone in der Ost-West-Richtung als Doppelzone ausgebildet. Den Doppelzonen gilt die Aufmerksamkeit der Radiästheten, weil sie in besonderem Maße als pathogen gelten.

Die »Netzmaschen« des Globalnetzgitters haben übrigens nur in der Bundesrepublik die genannten Kantenlängen von ca. 2,5 mal 2 Meter. Es scheint so, daß sich das Netz regelrecht über den ganzen Erdball legt, wobei zu den Polen hin geringere Maschengrößen und zum Äquator hin eine Zunahme der Maschengröße festgestellt wurde.

9.2 Weitere Netzgitter – das Curry-Netz und das dritte und vierte Netzgitter

Sie haben das erste Netzgitter kennengelernt und denken vielleicht: Es mag reichen. Aber es gibt noch weitere Phänomene in der Radiästhesie.

Der Arzt Dr. Manfred Curry, früher Leiter des Medizinisch-Bioklimatischen Instituts in Riederau am Ammersee, entdeckte ein weiteres Netzgitter und hat es auch beschrieben. Es gilt als das »Zweite Gitter« oder wird ganz einfach nach dem Entdecker »Curry-Netz« genannt.

War das Globalnetzgitter in Nord-Süd/Ost-West-Richtung ausgerichtet, so liegt das Curry-Netz dazwischen. Nach Curry reagieren die Menschen je nach Typus unterschiedlich auf die Auswirkungen des zweiten Gitters, und zwar je nachdem, ob es sich um einen W-Typ oder einen K-Typ handelt[34].

Unter einem W-Typ versteht Curry einen wärmeempfindlichen und unter einem K-Typ einen kälteempfindlichen Menschen.

Nach Curry strahlt jeder Mensch selbst eine Energie aus, die man Eigenenergie nennen könnte und die von Typ zu Typ verschieden ist[35].

Für die Länge der Eigenstrahlung eines Menschen – also sozusagen für seine Eigenenergie-Aussendung – hat sich bei den Radiästheten der Begriff »Reaktionsabstand« herausgebildet. Der Reaktionsabstand ist also die Wellenlänge der Eigenstrahlung. Er ist unterschiedlich beim Menschen, insofern der W-Typ einen kürzeren Reaktionsabstand als der K-Typ hat. Aber der Reaktionsabstand ist keine feste Größe. Er kann sich je nach gesundheitlicher Disposition des Menschen sowie durch Witterungseinflüsse und Medikamente verändern.

Der »normale« Reaktionsabstand beim W-Typ beträgt 0 bis 40 cm und beim K-Typ 60 bis 100 cm. Curry hat die Prognose gewagt, bei einer Krebserkrankung könne der Reaktionsabstand etwas größer als 100 cm sein.

Aber von den interessanten Gedanken des Dr. Curry zurück zu dem nach ihm benannten »Netz«. Als Maschenweite hat man eine Breite von drei bis vier Metern gemessen. Curry vertritt die Auffassung, daß die positiven Zonen des Curry-Netzes eine aufladende Wirkung auf den Menschen haben, die seinen Reaktionsabstand verlängern. Negativ polarisierende Kreuzungen dagegen wirken abladend und verkürzen den Reaktionsabstand.

Das Curry-Netz schwankt nicht nur jahreszeitlich, sondern auch witterungsbedingt. Die über dem Curry-Netz festgestellte Strahlung ist von Mitternacht bis drei Uhr früh dreimal so stark wie normalerweise.

Einmal abgesehen von den W- und K-Typen, die auf negative Einflüsse des Curry-Netzes verschieden stark reagieren, wird die Meinung vertreten, daß sich insbesondere die Kreuzungspunkte von Gitternetzen ungünstig auf die Gesundheit des Menschen auswirken, wenn er diesen Kreuzungspunkten langzeitig ausgesetzt ist.

Erschrecken Sie nicht, wenn nun auch noch die Rede auf ein drittes und viertes Gittersystem kommt. Es muß sich Ihnen ja geradezu die Frage aufdrängen, ob es denn auf der Erdoberfläche und in Ihrer Wohnung noch ein Fleckchen gibt, das irgendwie von den Auswirkungen von Wasseradern, Bodenverwerfungen oder der vier Netzgitter beeinflußt ist. Hier kann man nach derzeitigen Erkenntnissen nur sagen, daß der Mensch es gelernt hat, mit Störeinflüssen zu leben und nur wenige Kreuzungspunkte so pathogen sind, daß sie die Abwehrkraft des menschlichen Körpers unterlaufen können.

Das dritte Gitter wurde übrigens von dem Physiker

Reinhart Schneider entdeckt, zu dessen Forschungskreis der bereits mehrfach zitierte Paul Schweitzer gehört.

Außerdem ist das dritte Gitter nicht furchterregend, weil es bei positiver Polarisation positive Wirkungen ausstrahlt. Wir werden uns im Kapitel »Geheimnisse um alte Kirchen und Kultstätten« noch im einzelnen mit solchen positiven Wirkungen auseinandersetzen, die man an den sogenannten Orten der Kraft festgestellt hat. Es scheint so, daß die alten Baumeister sehr viel von der Geomantie verstanden, also der Deutung aus der Erde heraus, und deshalb ihre Altäre und Kanzeln bewußt dort errichteten, wo positive Strahlen aus der Erde aufsteigen und den Prediger in seinem Gedankenfluß und seiner Beredsamkeit günstig beeinflussen.

Beim weitgehend unerforschten vierten Gitter wollen wir es bei der Feststellung belassen, daß es genau wie das Globalnetz in Nord-Süd- bzw. Ost-West-Richtung ausgerichtet ist, wahrscheinlich überall auf der Erde vorkommt und abwechselnd links- oder rechtszirkular polarisiert ist.

10. ALLES STRAHLT – WELCHE STRAHLEN »BOMBARDIEREN« UNS STÄNDIG?

Sie werden etwas verwundert gelesen haben, daß bei Asbest und anderen Stoffen »Wellenlängen« gefunden wurden, daß diese Stoffe also demnach strahlen müssen. Lassen Sie sich sagen: Eigentlich strahlt alles auf der Erde, nicht nur die radioaktiven Stoffe wie Uran und Plutonium, die Röntgenstrahlen, die Kernkraftwerke, der Fernseher vor Ihnen im Wohnzimmer. Überallher »bombardieren« uns ständig Strahlen, sowohl aus dem Kosmos als auch aus der Erde.

Mehr als zehn Jahre nach Tschernobyl, als sich sozialistische Brennstäbe verselbständigten, ist auch bei uns noch immer Cäsium-137 nachweisbar. Schließlich hat es eine Halbwertzeit von 30 Jahren, die noch lange nicht erreicht ist.

Einerlei, ob Sie im Auto den Verkehrsfunk eingeschaltet haben oder nicht, Ihr Körper ist ständig von den übertragenen Radiowellen genauso durchdrungen wie von den Wellen des Fernsehturms, den Sie am Horizont wahrnehmen.

Sie nehmen Ihr Handy ans Ohr, hören über Kurzwelle den Verkehrs- oder verbotenerweise den Polizeifunk ... nichts als Wellen und Strahlen, die Ihren Körper ständig bombardieren, selbst wenn Sie sich im tiefsten Wald verkriechen und nicht aktiv an der Technik teilnehmen.

10.1 Die natürliche Strahlenbelastung des Menschen – leicht zu verkraften

Sie machen an Nord- oder Ostsee Ihren Sommerurlaub, aber Sie wissen nicht, daß Sie ständig »bestrahlt« werden. Ich meine nicht die wärmenden Sonnenstrahlen, sondern andere Strahlung, die von der Sonne oder aus dem Weltraum ständig auf Sie »niederprasselt«. Es handelt sich um die sogenannte ionisierende Strahlung, die als kosmische Strahlenbelastung ständig auf die Erde niedergeht.

Die Physiker haben errechnet, daß diese Strahlendosis in Meereshöhe jährlich ungefähr 20 Millirem ausmacht. Mit der Definition der Strahleneinheit will ich Sie nicht langweilen, Sie müßten ohnehin wieder umlernen, weil neuerdings die Strahleneinheit in »Sievert« gemessen wird.

Logisch, daß die Strahlendosis ansteigt, wenn sie nicht durch die Luftatmosphäre weggefiltert wird. So müssen Sie auf der Zugspitze – also in rund 3000 Metern Höhe – schon mit einer jährlichen kosmischen Strahlenbelastung von 50 Millirem rechnen. Das wären schon 30 Millirem mehr als an Nord- oder Ostsee, aber unser Körper ist an diese geringen Dosen so gewöhnt, daß sie ihm absolut nichts anhaben können.

Nicht nur von oben kommt einiges auf uns zu, sondern auch aus der Erde. Ich meine diesmal nicht die sogenannten Erdstrahlen, sondern Strahlen, die auch Physiker nicht in Abrede stellen, weil sie wissenschaftlich exakt nachweisbar sind. Es handelt sich um terrestrische Strahlenbelastung, also Strahlen, die aus der Erde (terra) kommen. Es befinden sich nämlich in der Erde eine ganze Reihe sogenannter Radionuklide. Das sind Elemente, die ganz natürlich zerfallen, sich also im Laufe der Zeit zersetzen, wie z. B. das Uran, das Aktinium und das Thorium.

Auch was aus der Erde aus diesen natürlichen Strahlenquellen auf uns zukommt, ist nicht beängstigend. Pro Jahr veranschlagt man 50 Millirem.

Ein drittes an Strahlenbelastung muß der menschliche Körper verkraften, denn eine gewisse Dosis Strahlung nimmt er unvermeidbar mit der Atemluft und Nahrung zu sich. Aber auch das ist nur eine Minidosis, die man auf 30 Millirem jährlich geschätzt hat.

Nehmen wir nun an, Sie wohnen nicht auf Meereshöhe,

aber auch nicht gerade in 3000 Meter Höhe, so müßten Sie mit einer kosmischen Strahlenbelastung von ungefähr 30 Millirem und zusätzlich einer terrestrischen von 50 Millirem und noch mal der Kleinigkeit von 30 Millirem für Inkorporation (körperliche Aufnahme) rechnen. Das wären im Jahr zusammen 110 Millirem.

An diese Dosis ist unser Organismus gewöhnt. Er wird mit ihr fertig. Andererseits sollten wir den erhobenen Zeigefinger unserer Wissenschaftler nicht übersehen. Sie betonen immer wieder, daß unser Wissen über krebsauslösende Mechanismen noch gering ist, weil die Strahlenschädigung einer einzigen winzigen Zelle oder einer minimalen Anzahl von Zellen für die Krankheit auslösend sein kann. Das behaftet natürlich jede wissenschaftliche Aussage über die Auswirkung der natürlichen Strahlendosis – auch wenn es sich um minimale Dosen handelt – mit einem kleinen Risiko.

Schon Paracelsus, der größte Arzt des Mittelalters, sagte: »Die Dosis allein macht das Gift!« So gesehen würde der Skilehrer in der Gletschersonne von 3000 Meter Höhenlage gefährlicher leben als die schleierverhüllte Nonne hinter dicken Klostermauern. Es ist müßig, solche Vergleiche anzustellen. Beruhigen wir uns mit der Feststellung, daß die normale Dosis an natürlichen Strahlen der Gesundheit nicht abträglich ist.

Wenn ich schon die hochfrequenten, extrem schwachen Erdstrahlen zum Gegenstand dieses Buches gemacht habe, so durfte ein Abstecher zu den physikalisch unbestrittenen, weil physikalisch nachweisbaren Strahlenbelastungen nicht fehlen. Nach dem katastrophalen Reaktorunfall im April 1986 in Tschernobyl, der für große Teile der Weltbevölkerung eine erhebliche Strahlenbelastung mit sich brachte, ist das Interesse an exakter Aufklärung diesbezüglich enorm gestiegen.

10.1.1 Millionen Amerikaner durch Radon gefährdet?

Die terrestrische Strahlung in der Bundesrepublik ist nicht

an allen Orten gleich, genausowenig wie die kosmische Strahlenbelastung, die auf Meereshöhe und auf den Alpengipfeln unterschiedlich ist. Bei der terrestrischen Strahlung aus der Erde kommt es auf den Untergrund an. So kennt man Gegenden im Schwarzwald, die das Fünfzehnfache der mittleren Strahlenbelastung in der Bundesrepublik aufweisen[36].

Einer extremen Strahlenbelastung aus der Erde sind die Bewohner des dichtbesiedelten indischen Kerala ausgesetzt. Das unterirdische Vorkommen von Monazitsandstein führt zu einer Strahlenbelastung von mehr als 1000 Millirem pro Jahr. Gleichwohl hat man bei den dort wohnenden Menschen bisher keine erhöhte Anfälligkeit für Krebserkrankungen und auch – im Verlaufe vieler Generationen – keine Veränderung des Erbguts feststellen können.

Joachim Martin[37] zieht daraus den Schluß, daß der Mensch bis zu 70000 Millirem ertragen kann, wenn sie ziemlich gleichmäßig über 70 Jahre verteilt sind, denn der Erholungs- und Reparaturmechanismus des menschlichen Körpers würde sogar bis zu dieser hohen Strahlendosis mit Zellschädigungen fertig. Erst bei intensiven *kurzzeitigen* Bestrahlungen ab 20000 Millirem spürt der Mensch einen Strahlenkater, auf den er mit Übelkeit und Kopfschmerzen reagiert. Eine kurzfristige Ganzkörperbestrahlung von 300000 bis 500000 Millirem führt aber schon bei der Hälfte der bestrahlten Personen langfristig zu Leukämie oder Krebstod, und eine kurzfristige Ganzkörperbestrahlung von einer Million Millirem käme einem Todesurteil gleich.

Aufsehen erregte 1985 eine Meldung, die durch die Medien ging[38]: »Millionen Amerikaner durch Radon gefährdet?«

In den USA macht man das Edelgas Radon für den Lungenkrebstod von jährlich 30000 Menschen verantwortlich. Radon ist ein farbloses Gas, das in der Natur in normalen Dosen sogar in vielen Heilquellen und Heilschlämmen vorkommt. Auch in Höhlen mit radioaktivem Gestein wird es festgestellt und als Heilmittel genutzt.

In Atlanta, im amerikanischen Bundesstaat Georgia, mußte die Bundesbehörde für Krankheitskontrolle allerdings feststellen, daß wahrscheinlich sechs Millionen Amerikaner in Häusern leben, in denen eine extrem hohe Konzentration von Radon auftritt. Sie stammt aus Uranvorkommen in der Erde und übersteigt die offizielle Zulässigkeitsnorm um 40 %.

Bei einem Ingenieur, der beim Bau des Kernkraftwerks von Limerick bei Philadelphia eingesetzt war, hatte man schon auf berufliche Strahlenschäden getippt, mußte aber dann erkennen, daß die hohe Radonstrahlung aus der Erde die Ursache des Strahlenschadens war.

10.2 Der Rundfunkempfang aus der Dachrinne – technische Strahlung ist praktisch überall

Der Schweizer Bürger staunte nicht schlecht, als er aus einer Dachrinne flotte Musikrhythmen vernahm. Nicht etwa daß sein Filius dort sein Transistorradio versteckt hätte, nein, es funktionierte alles ohne Transistoren und integrierte Schaltkreise japanischer oder deutscher Hersteller. Offensichtlich hatte eine in Schweizer Wertarbeit gefertigte Dachrinne die Funktion des Rundfunkempfängers übernommen. Sie sammelte nicht nur Regenwasser, sondern übertrug kurzerhand auch Sendungen des Schweizer Kurzwellensenders Schwarzenburg. Schon öfter hatten die Bewohner von Schwarzenburg Gelegenheit, diese gelegentlichen Macken ihrer Dachrinnen oder anderer Metallgegenstände kennenzulernen.

Wenn die Abmessungen zufällig passen, kann eine Dachrinne zur Antenne werden und ihre oxydierten Metallteile zum Gleichrichter. Da aber in der Nähe eines starken Senders die elektromagnetischen Wellen überall sind, ergibt das Ganze dann manchmal einen Rundfunkempfänger. Jedenfalls staunten die deutschen Fernsehzuschauer nicht schlecht, als sie das »Magazin der Woche« mit diesem physikalischen Phänomen bekanntmachte[39].

Vielleicht haben auch Sie schon ähnliche Erfahrungen gemacht, wenn plötzlich aus dem Verstärker Ihrer Heimorgel, ohne daß Sie auch nur eine Taste drückten, leise Hintergrundmusik eines fremden »eingefangenen« Senders erklang.

Auch Tanzmusiker können ähnliches berichten. Die Saiten ihrer Gitarren empfangen Rundfunksignale, und der Gitarren-Resonanzboden macht dann manchmal einen prima Klang.

Alles das sind Beweise, in welchem Maße wir rund um die Uhr technischer Strahlung ausgesetzt sind.

10.2.1. Das hypermoderne Stereoradio am Bett – Störfaktor fürs Einschlafen

Das Schlafzimmer war der ganze Stolz des jungen Paares. Insbesondere »er« war fasziniert von der in das Kopfende des Bettes eingebauten Technik: dem hypermodernen Stereoradio mit Kassettenbox und selbstverständlich groß dimensionierten Lautsprechern.

»Sie« aber begann über Schlafstörungen und Kopf-

schmerzen zu klagen. Kein Wunder übrigens; manche Menschen reagieren sehr sensibel auf ein elektromagnetisches Umfeld. Schon die Neonleuchten mit ihren Drosselspulen in Großraumbüros oder Werkhallen können Kopfschmerzen verursachen. Auch die sogenannte Stegleitung, schnell und preiswert dicht unter der Oberfläche des Putzes verlegt und vielleicht sogar noch in Kopfhöhe des Bettes vorbeigeführt, kann Mißempfindungen hervorrufen. Vorzuziehen sind hier in Röhren verlegte Leitungsdrähte.

Mancher Schläfer verspürt schon ein ungutes Gefühl, wenn der Radiowecker vielleicht zwischen den beiden Betten, jedenfalls aber zu nahe bei seinem Kopf aufgestellt ist. Wird der Wecker dann zwei Meter weiter auf den Nachttisch verbannt, verschwinden oftmals die Mißempfindungen. Auch Transformatorenhäuschen in unmittelbarer Nähe der Wohnung können sich wegen des durch den hochgespannten Strom besonders intensiven elektromagnetischen Strahlungsfeldes bei sensiblen Menschen störend bemerkbar machen.

Ein besonderes Kapitel sind Heizdecken und Heizkissen. Rutengänger vermuten, daß auch dann von ihnen Störwirkungen ausgehen können, die den Schlaf eines sensiblen Menschen beeinträchtigen, wenn sie zwar ausgeschaltet werden, aber die Nacht über im Bett bleiben.

Es gibt die Meinung, die Störwirkung sei größer bei Unterbrechungen des Null-Leiters statt der stromführenden Phase. Die technisch Begabten unter Ihnen wissen, daß in jedem Fall der Stromkreis unterbrochen wird und die Heizwirkung aufhört, wenn das Gerät ausgeschaltet ist. Je nachdem, wie der Stecker in die Steckdose eingeführt ist, wird beim Abschalten entweder die sogenannte Phase oder der Null-Leiter unterbrochen. Wo kein Stromkreis mehr geschlossen ist, kann sich auch kein elektromagnetisches Feld mehr aufbauen. Weshalb also dennoch die behauptete Störwirkung? Denkbar ist, daß in manchen Fällen hochfrequente Erdstrahlen im Mikrowellenbereich von der Freileitung in Hausnähe aufgenommen und über das Hausnetz in die Heizdecke oder das Heizkissen geführt werden. Das ist eine Hypothese. Unterstellt, sie trifft zu, so hätten wir es nicht mit einer elektromagnetischen Störstrahlung im eigentlichen Sinne mit der üblichen Frequenz von 50 Hertz zu tun, sondern mit den Auswirkungen von Erdstrahlen.

Wünschelrutengänger jedenfalls versicherten mir, sie hätten Ausschläge über Betten registriert, in denen eine nicht eingeschaltete Heizdecke bzw. Heizkissen lag. Nachdem die Geräte entfernt wurden, seien auch keine Ausschläge mehr feststellbar gewesen und die Patienten hätten sich künftig an gleicher Schlafstätte besser gefühlt.

Lassen wir es dahingestellt sein, ob hier suggestive Momente eine Rolle spielen. Die Nutzanwendung für jeden, der sich in seiner nächtlichen Ruhe beeinträchtigt fühlt, kann nur sein, abends Heizdecken und Heizkissen aus dem Bett zu nehmen, nachdem sie ihren Dienst getan haben. Schließlich ist erwiesen, daß auch bei ausgeschalteten Heizkissen und -decken noch ein elektromagnetisches Feld vorhanden ist, so daß man gar nicht erst komplizierte Überlegungen wegen eventueller Erdstrahlen anzustellen braucht.

10.2.2 Bildschirm-Arbeitsplätze und Fernsehen – manchmal langweilig, dafür aber ungefährlich

Sie werden es kaum glauben, auch Ihr Fernsehgerät erzeugt Röntgenstrahlen, obwohl es doch zum »Durchleuchten« des menschlichen Körpers gar nicht konstruiert ist. Das gleiche gilt für Elektronenmikroskope, Mikrowellen- und Datensichtgeräte.

Man nennt diese Geräte auch Störstrahler. Ihr Bau fällt unter die Röntgenverordnung, und damit ruht das wachsame Staatsauge der behördlichen Aufsicht nach § 19 des Atomgesetzes darüber.

Wenn Sie also ein Fernsehgerät oder einen Personalcomputer kaufen oder ständig in Ihrer Firma an einem

Bildschirmarbeitsplatz beschäftigt sind, dürfen Sie davon ausgehen, daß die Geräte schon behördlicherseits durch die Bauartzulassung überprüft sind.

Bringen läppische 220 Volt eine Glühbirne zum Leuchten, so ist in Ihrem Farbfernsehgerät die enorme Spannung von immerhin 20000 Volt erforderlich, um die Elektronen auf Trab zu bringen. Damit »klatschen« sie dann auf den Bildschirm, erzeugen das gewünschte brillante Fernsehbild und geben nebenbei die unerwünschte Röntgenstrahlung ab. Aber diese Strahlung ist minimal und energiearm. In einer Entfernung von fünf Zentimetern vom Bildschirm darf sie pro Stunde höchstens 0,5 Millirem ausmachen. Und die Hersteller halten sich daran. Die meisten handelsüblichen Geräte sind so konstruiert, daß der Maximalwert von 0,5 Millirem/Stunde noch nicht einmal erreicht wird.

Die Jahresdosis, die dem Fernsehzuschauer in der Bundesrepublik »verpaßt« wird, ist widersprüchlich angegeben. Die Angaben schwanken von 0,1 Millirem bis zu 3 Millirem. Diese Strahlendosis ist kaum erwähnenswert, denn Sie haben in Kapitel 10.1 gesehen, daß wir in der Bundesrepublik jährlich 110 Millirem natürliche Strahlenbelastung leicht verkraften können.

Die Strahlenbelastung durch Datensichtgeräte ist noch wesentlich geringer als die durch Fernsehgeräte ermittelte Strahlung. Sie beträgt in nur fünf Zentimeter Abstand vom Bildschirm je Stunde unter 0,05 Millirem. Ein Krebsrisiko durch diese Mini-Strahlendosis besteht nicht[40].

Das Kernforschungszentrum Karlsruhe hat nach einer umfangreichen Untersuchung die von Bildschirm-Arbeitsplätzen ausgehende Strahlung als »biologisch bedeutungslos« bezeichnet[41]. Es errechnete bei jährlich 200 achtstündigen Arbeitstagen eine Dosis von nur ungefähr einem Millionstel Rem. Als verblüffend empfanden die Wissenschaftler den Umstand, daß bei einem Teil der Geräte die Strahlung im abgeschalteten Zustand bis zu 25 % höher war als bei Einschaltung. Als Grund machten sie die Zerfallsprodukte des Edelgases Radon ausfindig, das wir in

Kapitel 10.1.1 schon kennengelernt haben. Es wird auch im Leuchtstoff der Bildschirmröhren verwendet. Ist nun das Gerät eingeschaltet, so bannen die elektrischen Kräfte die Zerfallsprodukte des Radon in den hinteren Bildröhrenbereich. Hierdurch verringert sich im eingeschalteten Zustand die dicht vor dem Bildschirm gemessene Strahlendosis. Eine ganz natürliche Erklärung also für einen Umstand, der nicht beunruhigen sollte.

10.2.3 Wie gefährlich ist die Nachbarschaft von Kernkraftwerken?

Wer möchte nach dem Atomfeuer in Tschernobyl, der Reaktorkatastrophe bei Kiew, noch das Wohnen in der Nachbarschaft eines Kernkraftwerkes verharmlosen? Auch mittelbare Nachbarschaft in mehr als zehn Kilometer Entfernung kann nicht nur gefährlich, sondern tödlich sein. Die beim schwersten Reaktorunfall, dem sogenannten GAU (= größter angenommener Unfall) auftretende Strahlenverseuchung kann nur mit dem Abwurf einer oder mehrerer Atombomben verglichen werden.

Nahm eine deutsche Sicherheitsstudie bei einem nur dreißig Zentimeter großen Loch im Sicherheitsbehälter eines Reaktors vor Jahren noch die schreckliche Zahl von 21000 langfristig Toten an, so wird heute »nur« noch mit 1100 Todesfällen gerechnet.

Der »Fall-out« genannte radioaktive Niederschlag kann nicht nur zu unmittelbaren Todesfällen, sondern insbesondere zu Spätschäden durch gehäuftes Auftreten von Leukämie und bösartigen Geschwülsten führen.

Die Erfahrungen von Hiroshima und Nagasaki lehrten, daß nach ungefähr zwei Jahren erste Leukämiefälle auftraten, die nach etwa sechs bis acht Jahren ihre Höchstzahl erreichten und dann langsam abfielen. Bösartige Tumore erschienen sogar erst nach einer Latenzzeit von rund zehn Jahren.

Mit der Nachbarschaft von Kernkraftwerken meine ich jedoch nicht Katastrophenfälle wie im April 1986 in

Tschernobyl (UdSSR) oder 1979 in Three Miles Island (Harrisburg/USA), sondern das Wohnen jahraus, jahrein in unmittelbarer Nachbarschaft eines intakten Kernkraftwerks.

Meine ganz persönliche Meinung: Die Nachbarschaft eines Kernkraftwerks wäre mir entschieden lieber als das allzu nahe Wohnen bei einem Dreckschleuder-Kohlekraftwerk. Warum diese Sorglosigkeit hinsichtlich der täglichen Strahlenbelastung? In der Bundesrepublik gibt es das sogenannte 30-Millirem-Konzept. Es bedeutet schlicht und einfach, daß in unmittelbarer Nachbarschaft eines Kernkraftwerkes die Strahlendosis pro Jahr keinesfalls größer sein darf als 30 Millirem.

Wie sieht die Wirklichkeit aus? Dieser Sollwert ist bei weitem nicht erreicht. Die deutschen Kernreaktoren arbeiten im Durchschnitt mit einer Strahlenbelastung von noch nicht einmal einem Millirem. Dabei sind die deutschen Vorschriften mit 30 Millirem schon viel strenger als anderswo. Es gibt Länder, die bis zu 500 Millirem pro Jahr zulassen.

Gleichwohl: Tschernobyl war monatelang Thema Nr. 1 in den Medien. Anders als bei den Franzosen ist das »Atomunbehagen« in deutschen Landen ungleich größer.

Im Sommer 1985 trat die »Ärzteinitiative Uelzen e.V.« mit einem Appell gegen die geplante Wiederaufbereitungsanlge (WAA) Gorleben an die Öffentlichkeit[42]. Die politische Entscheidung fiel aber zugunsten des bayerischen Wackersdorf und mobilisierte prompt die oberpfälzische Ärzteschaft. In einer Anzeige in der *Süddeutschen Zeitung* vom 15. Februar 1985 lehnten sie den Bau einer WAA bei Wackersdorf ab.

Die Mediziner befürchten offensichtlich eine höhere Krebshäufigkeit, mußten sich aber entgegenhalten lassen, es werde bezweifelt, ob ihre Bedenken ausschließlich medizinischer Natur seien. Der »Ärztebund für Umwelt- und Lebensschutz« hielt seine Jahreshauptversammlung 1985 in Schwandorf/Wackersdorf ab, um sozusagen »vor Ort«

zu warnen: Man müsse Gen-Veränderungen befürchten, die zu erhöhter Krebshäufigkeit führen könnten. Auch auf die Inkorporierung radioaktiver Stoffe durch Nahrung und Atemluft, die die aufgenommene Radioaktivität summiere, wurde hingewiesen.

Demgegenüber beschwichtigt die »Vereinigung Deutscher Strahlenschutzärzte«, im Bereich geringer Strahlendosen könne der Reparaturmechanismus der Zellen um so effektiver arbeiten.

Die deutschen Strahlenschutzärzte verweisen auf die hohe natürliche Strahlenbelastung von rund 120 Millirem pro Jahr, möchten aber am »30-Millirem-Prinzip« für die künstliche Strahlenbelastung festhalten. Interessant ist der Hinweis auf die sehr hohe Grundstrahlung in Kerala/Indien und einigen Gebieten Brasiliens, die für die Bewohner der betreffenden Gebiete weder eine Zunahme bösartiger Erkrankungen noch genetischer Mutationen ergeben habe (vgl. hierzu auch Kapitel 10.1.1, Abs. 2).

10.2.4 Mikrowellenherde – Vorsicht vor Leckstrahlung

Erdstrahlen sind Mikrowellen im Dezimetergebiet, wie wir in Kapitel 3.1 gesehen haben. Auch Radio-, Fernseh- oder Radarwellen sind den Mikrowellen zuzurechnen.

Wenn auch die Intensität bei Erdstrahlen ganz minimal ist – es sind kaum wahrnehmbare elektromagnetische Schwingungen –, so kann man sich am Beispiel des Mikrowellenherdes doch sehr deutlich machen, welche Kraft in intensiven Mikrowellen stecken kann.

Die Mikrowellen im Mikrowellenherd durchdringen ohne Schwierigkeiten Glas, Keramik, Kunststoff und Papier und gelangen so in die zu garenden Lebensmittel und Speisen. Dort dringen sie bis zu vier Zentimeter ein und bringen die Moleküle zum Schwingen. Hierdurch wird die Reibungswärme verursacht, die letztlich den Garprozeß bewirkt. Es ist also anders als beim elektrischen oder Kohle-Kochherd, wo die Wärme von außen an die zu garenden Speisen herangetragen wird.

Wäre Ihr Körper der Strahlung eines Mikrowellenherdes ausgesetzt, so wäre die physikalische Reaktion die gleiche, und das hätte arge gesundheitliche Konsequenzen. Deshalb sind Mikrowellenherde besonders gut nach außen abgeschirmt. Metalle reflektieren nämlich – im Gegensatz zu Glas und Keramik – Mikrowellen. Besondere Sorgfalt verwenden die Hersteller im Türbereich der Herde. Besorgten Käufern empfiehlt der TÜV Rheinland, auf das GSE-Zeichen (»Geprüfte Sicherheit«) zu achten. Außerdem offeriert er einen kostenlosen Geräte-»Check« in der Kölner Prüfstelle[43].

10.3 Auch der Mensch selbst strahlt – der radiästhetische Reaktionsabstand

»Alles strahlt« war das Generalthema des Kapitels 10. Dabei haben wir die natürliche Strahlenbelastung des Menschen genauso kennengelernt wie die technische Strahlung, also Dinge, die wissenschaftlich unbestreitbar sind.

Wenn ich nun aber in Einklang mit den Radiästheten die Behauptung aufstelle, auch der Mensch selbst strahlt, darf ich wohl bei manchen Lesern ein ungläubiges Kopfschütteln vermuten. Natürlich kann der Mensch »etwas« strahlen, denn wir haben ja gelesen, daß er u. a. auch radioaktive Stoffe mit der Atemluft und der Nahrung zu sich nimmt. Aber die Radiästheten gehen da noch ein ganzes Stück weiter. Sie behaupten schlicht, den menschlichen Körper umgebe eine Art Energie, die sich quasi in Kreisform wie eine Aura um den Körper lege und mit der Wünschelrute geortet werden könne.

Der Mensch also ein Sender? Folgen wir diesem Gedanken, dann muß der »Sender Mensch« auch Wellen ausstrahlen, deren Länge gemessen werden kann. Curry hat die Wellenlänge, die als Eigenenergie vom menschlichen Körper ausgeht, als »Reaktionsabstand« bezeichnet.

Wäre dieser Reaktionsabstand eine konstante Größe, könnte man wissenschaftlich exakt mit ihm arbeiten. Es zeigte sich aber, daß die Rutengänger auf gleiche Reize manchmal völlig verschieden reagieren, was nicht nur durch den Menschentypus selbst, sondern beispielsweise auch durch die Einnahme von Medikamenten, durch die Wetter-Klima-Lage und die gesundheitliche Disposition des Rutengängers veranlaßt sein kann.

Diese Feststellungen, die Ernst Hartmann auf der Frühjahrstagung 1985 des »Forschungskreises für Geobiologie« vortrug[44], müssen geradezu als revolutionär empfunden werden, obwohl der Wissenschaftler bekräftigte, daß er nach fast 40jähriger intensiver Forschung kein neues Dogma predigen wolle.

Aber das Ergebnis muß für die Radiästhesie dennoch beunruhigend sein, weil mit genormten Ruten die terrestrischen Phänomene nicht an gleicher Stelle reproduzierbar erscheinen müssen, da es auf den Menschen als eigentlichen Empfänger in erster Linie ankommt. Der Mensch aber scheint »unzuverlässig« zu sein, denn sein Reaktionsabstand ist Schwankungen unterworfen.

Hartmann verweist auf die beiden Komponenten im Wirkfeld des Menschen, die er mit Yin- und Yangfeld bezeichnet, wobei die rechte Körperhälfte die Yang- und die linke Körperhälfte die Yin-Hälfte ist. Yin und Yang sind die kosmologischen Hauptprinzipien innerhalb der frühchinesischen Philosophie, wobei »Yin« das Weibliche (auch Erde) und »Yang« das Männliche (auch Himmel) symbolisiert.

Sind Sie Laie, so werden Sie vielleicht im höchsten Maße verunsichert sein und sich meines Rates erinnern, nach Möglichkeit mehrere Rutengänger für die Lokalisation von Reizstreifen hinzuzuziehen. Die körperliche Disposition kann sicher zu kleineren Abweichungen führen; dennoch werden geübte Rutengänger verläßlich die gefährlichen Wasseradernkreuzungen identifizieren können.

Es ist nur logisch, daß Sie nun fragen, inwieweit die Grifflängen-Meßtechnik und die Lecher-Antenne (vgl. Kapitel 7.2 und 7.2.2) verläßliche und absolute Maßstäbe sind. Sind die hier genannten Wellenlängen nur eine mentale Vorgabe? Wenn sich der Reaktionsabstand des mit einer normalen Rute arbeitenden Radiästheten durch mehrere Faktoren ändern kann, so müßte dies gleichermaßen auch für die Grifflängentechnik und die Lecher-Antenne gelten. Wir dürfen jedenfalls gespannt sein, wie die Entwicklung weitergeht.

10.3.1 Die vierzehn Patente des Davidowitsch Kirlian – Zeigen Kirlian-Fotos ein Abbild der menschlichen Aura?

Davidowitsch Kirlian war Elektriker im russischen Krasnodar, der Hauptstadt des Kuban-Distrikts. Eines Tages hatte er in einem wissenschaftlichen Institut zu tun und sah, eher im Vorbeigehen, wie ein Patient mit einem Hochfrequenzapparat behandelt wurde. Kirlian entdeckte einen kleinen Lichtblitz zwischen den Elektroden und der Haut des Mannes. Das brachte ihn auf eine Idee: Er baute, zusammen mit seiner Frau Walentina, einen Hochfrequenz-Funkengenerator, mit dem er 75 000 bis 200 000 elektrische Schwingungen in der Sekunde erzeugen konnte. Die Einrichtung wurde ständig verbessert, und schließlich konnte das Ehepaar vierzehn Patente für die Erfindung verbuchen.

Brachten die Kirlians menschliche Gliedmaßen oder etwa ein von einer Pflanze abgerissenes Blatt zwischen die Elektroden ihres Hochfrequnzgenerators und steckten sie noch ein Fotopapier dazu, so zeigte sich später auf dem Bild eine wogende, sprühende Farberscheinung. Aus den Rändern eines Blattes schossen beispielsweise grüne und rötliche Flammen – das aber nur, wenn das Blatt frisch war. Ein halbverwelktes Blatt sah dagegen eher aus wie eine nächtliche Großstadt, in der langsam die Lichter ausgehen. So gut wie gar keine Leuchterscheinung zeigte ein ganz verwelktes Blatt.

Eine nüchterne technische Erfindung im Rußland des Jahres 1939. Den nüchternen Kirlians wäre nie der Gedanke gekommen, etwa eine Art von Heiligenschein um den Kopf von Heiligen zu sehen, wie das bekannte amerikanische Medium Eileen Garrett in einem Buch behauptete[45]. Dabei war der Gedanke von den elektrischen Hochfrequenzströmen, diesem nachweisbaren technischen Faktum, bis hin zum »Astralleib«, jenem leuchtenden Energiekörper, den – wenn die Medien recht haben – alle Menschen besitzen, doch gar nicht so weit.

Es hat schon in alten Zeiten Medien gegeben, die vorgaben, eine Art rauchartige Energie, sozusagen ein neblige Umrandung um den menschlichen Körper zu sehen, die auch noch die Eigenschaft habe, ihre Ausdehnung und Farben – je nach Gesundheitszustand und Stimmung eines Menschen – zu verändern.

Schon zu Beginn unseres Jahrhunderts hatte der Londoner Arzt Dr. Walter Kilner vom Saint-Thomas-Hospital vorgegeben, durch besonders gefärbte Glasscheiben eine Strahlungswolke um den menschlichen Körper zu sehen, die farbig und ungefähr 15 bis 20 Zentimeter groß wäre[46]. Auch er wies auf Änderungen von Farbe und Größe – je nach körperlicher und psychischer Verfassung des beobachteten Menschen – hin[47]. Außerdem stellte Kilner fest, daß Elektrizität, Magnetismus und Hypnose die Strahlung verändern konnten.

Die Kirlians hielten es mehr mit der exakten Wissenschaft. Sie unternahmen Tausende von Versuchen. Schließlich fanden sie heraus, daß Pflanzen eine veränderte Aura hatten, wenn sie mit einer Krankheit infiziert waren, die Krankheit aber äußerlich noch in keiner Weise festgestellt werden konnte.

Frappierend war auch die Beobachtung der menschlichen Hände. Stand Kirlian unter Streß, etwa weil ihn wieder einmal ein berühmter Wissenschaftler besuchte und mit kritischen Fragen zu traktieren gedachte, so war die unter dem Gerät sichtbare Strahlung seiner Hände deutlich verändert, und er erhielt unscharfe Fotografien. Ein Gläschen Wodka nur, und schon konnte man förmlich die Energiezufuhr in bunten Flammen aus den Händen hinausschießen sehen.

Russische Wissenschaftler nahmen sich der Kirlian-Erfindung an. Sie vermuteten in der unter dem Hochfrequenzgenerator sichtbar gemachten Energie irgendeine elektrische oder elektromagnetische Aktivität, meinten aber, die Art der Energie weiche von allen bisher bekannten Arten vollkommen ab. Dabei fällt der Begriff »Plasma«, den wir aus der Physik als vierten Zustand der Materie, nämlich als Strom von ionisierten Teilchen kennen.

Der österreichische Baron Karl von Reichenbach hatte schon vor rund 140 Jahren angeblich Strahlungen an Lebewesen, aber auch an toten Gegenständen wie Chemikalien, wahrgenommen. Er nannte die Energie-Aura, die angeblich den Körper von Lebewesen umgibt, »Od«, nach dem nordischen Gott Odin. Obgleich von Reichenbach als Chemiker wissenschaftlich geachtet war, mochten ihm hier seine Kollegen nicht folgen und überschütteten ihn mit Spott.

Reichenbach hatte vorgegeben, er und andere Sensitive könnten in der Dunkelheit die Ausstrahlungen sogar von nichtlebenden Stoffen wahrnehmen, beispielsweise bei einem Magneten den einen Pol als orange-rote und den anderen als weiß-blaue Strahlung.

Was die Ausstrahlung von Menschen, Tieren oder Pflanzen betrifft, so ist der österreichische Baron gut hundert Jahre später durch den russischen Elektriker Kirlian rehabilitiert worden.

Hatte Reichenbach sich noch damit begnügt, sensitiv veranlagte Menschen zusammen mit einem Tier – etwa einer Katze oder einem Vogel – oder mit Pflanzen für einige Stunden in eine Dunkelkammer zu schicken, bis sie ihre Wahrnehmungen hatten, so sind die Versuche des französischen Arztes Hippolyte Baraduc regelrecht makaber. Sein okkultes Bemühen war, die menschliche Seele irgendwie im Bild festzuhalten[48]. Auch er setzte eine Fotoplatte einem elektrostatischen Feld aus, wie einige Jahrzehnte später der Russe Kirlian.

Im Jahr 1907 starb der 19jährige Sohn Baraducs. Der Arzt scheute nicht davor zurück, seine Apparatur über dem Sarg aufzubauen und den Leichnam zu fotografieren. Er veröffentlichte das Bild, auf dem man – unheimlich anzusehen – weiße verschleierte Gebilde aus dem Leichnam herauswachsen sieht, die ihn zum Teil verhüllen.

Als kurze Zeit später Baraducs Frau verstirbt, wiederholt er den Test mehrfach, und zwar kurz nach dem Tod und dann in weiteren zeitlichen Abständen. Dabei zeigt sich, daß die weißlichen »Nebel« immer dichter werden und eine Stunde nach dem Tod alles verdecken.

Die Geschichte Baraducs ist interessant, aber wissenschaftlich nicht beweiskräftig, zumal die Elektrotechnik 1907 noch in ihren Anfängen steckte. Kirlian beispielsweise hatte gut dreißig Jahre später enorme technische Schwierigkeiten zu überwinden, bis seine schließlich vierzehnfach patentierte Apparatur klappte, und auch dann gab es noch ab und zu Pannen, nach denen er sie in die Einzelstücke zerlegte und mit Akribie wieder aufbaute.

Wie fragwürdig Baraducs Experimente sind, zeigt sich

schon daran, daß er bei einem Aufenthalt in Lourdes eine unbelichtete Platte in seinem Hut verbarg. Nachdem er angeblich Wunderheilungen beigewohnt hatte, konnte er nachher Fotoabzüge mit größeren hellen Flächen vorzeigen, die er auf die »Strahlung des Heiligen Sakramentes im Augenblick des Mirakels der Gesundmachung« zurückführte.

Was ist dran an der Kirlian-Fotografie? Die in Wissenschaftsdingen kritischen damaligen Sowjets gaben sich bestimmt keinen Spekulationen hin wie etwa Baraduc. Es darf als gesichert angenommen werden, daß ein »Bioplasma-Körper« – wie die damaligen Sowjets das Phänomen nannten – den real-physischen menschlichen, tierischen oder pflanzlichen Körper umgibt.

Damit ist aber gleichzeitig wieder die Verbindung zu unserem Thema hergestellt. Handelt es sich um hochfrequente elektrische Felder? Ergibt dies den Wünschelrutenausschlag, wenn sich das menschliche »Feld« mit dem hochfrequenten Feld einer Wasserader kreuzt, wie ich in Kapitel 2.3 zu deuten versucht habe?

Man wird davon ausgehen dürfen, daß das uns umgebende bioelektrische Kraftfeld von den Kraftfeldern über Reizzonen, die aus der Erde kommen, genauso beeinflußt wird wie durch kosmische Strahlungen (Abgeschlagenheit, Kreislaufbeschwerden bei Wetterwechsel bzw. erhöhter Sonneneruptionstätigkeit).

Auch die technischen Störfelder vermögen unser bioelektrisches Kraftfeld zu beeinflussen, wie wir in Kapitel 2 gesehen haben.

Ein Letztes zu diesem Kapitel: Sie haben sicher schon bemerkt, daß Sie Menschen, die Sie nicht mögen oder die Ihnen noch fremd sind, nur »auf Abstand« ertragen können. Kommen sie näher zu Ihnen heran – im allgemeinen weniger als einen Meter – so wird ein deutliches Unbehagen spürbar, das in Abweisung oder Aggressivität Ausdruck finden kann.

Was halten Sie von dem Gedanken, daß es immer dann

unbehaglich und ungemütlich wird, wenn die bioelektrischen Kraftfelder der Menschen sich beginnen zu berühren oder zu überschneiden? Vielleicht wenden Sie jetzt ein: Die Alphawellen, die vom Gehirn ausgesandt werden, sind es, die dem anderen Menschen zu verstehen geben »ich mag dich«, oder bei ihrem Ausbleiben »scher dich zum Teufel«! Mag sein, aber könnte nicht eine Korrelation zwischen den genannten Alphawellen und dem bioelektrischen Kraftfeld bestehen?

10.3.2 Nosoden – eine Art Verstärker oder Materialmuster für Rutengänger

Wir haben gesehen, daß alles strahlt. Die Erde, der Kosmos, die technischen Geräte, ja sogar der Mensch selbst.

Auch Metalle, Chemikalien und Substanzen überhaupt strahlen Wellenlängen aus. Schweitzer[49] verweist darauf, daß Wüst und Wimmer durch Beugungsexperimente die von Substanzen ausgestrahlten Wellenlängen nachgewiesen haben.

Ist die Lokalisierung eines dicken Wasserrohres (vgl. Kapitel 2.1) eine Kleinigkeit und das Auffinden einer Reizzone schon etwas schwieriger, so wird es äußerst problematisch, die winzigen Strahlungsintensitäten von Substanzen festzustellen. Aber die Radiästheten behelfen sich mit einem Kunstgriff, der die Strahlung verstärkt. Er besteht darin, daß sie zu der Substanz Ampullen mit homöopathischen Präparaten hinzufügen, oder diese Ampullen, die man »Nosoden« nennt, zur Wünschelrute in die Hand legen. An der Lecher-Antenne (vgl. Kapitel 7.2.2) befindet sich vorne eine Klemmvorrichtung, mit der die Nosode befestigt werden kann. Jedenfalls sind Nosoden eine Art Breitbandstrahler von linear polarisierten Wellenlängen, und darauf beruht ihre Verstärkerwirkung.

Wenn nun in Nosoden bestimmte Wellenlängen vorkommen, kann man sie mit Wellenlängen von Reizzonen vergleichen und daraus Rückschlüsse ziehen. Es geht sogar noch einen Schritt weiter: Auch kranke Stellen des menschlichen Körpers senden bestimmte Wellenlängen aus. Passen diese zufällig auf die Wellenlänge einer bestimmten Nosode, so kann ein guter Radiästhet möglicherweise eine Diagnose stellen.

Sagen wir es etwas deutlicher: Hätte ein Karzinom die Wellenlänge X und fände sich die gleiche Wellenlänge X über der Adernkreuzung eines Krebs-Schlafplatzes, so müßte sich eine Wünschelrutenaktion ergeben, wenn der Rutengänger die entsprechende Nosode in die Hand genommen oder an seiner Lecher-Antenne befestigt hat. Wäre nun der Schläfer auf dem Krebs-Schlafplatz schon von der schlimmen Krankheit befallen, sagen wir an der Leber, so müßte aus seinem Körper wiederum die genannte Wellenlänge X hervortreten und in Leberhöhe mit Rute oder Lecher-Antennne diagnostisch feststellbar sein. Wieder eine reichlich phantastische Geschichte, aber man kann sie doch auch als unbefangener Leser gedanklich nachvollziehen.

Für alle, die es etwas genauer wissen wollen: Nosoden kann man als potenzierte homöopathische Mittel bezeichnen, bei denen Viren, Bakterien und Mikroben, denen man die Gefährlichkeit genommen hat (devitalisiert), in Ampullen eingeschweißt sind. Nach Schweitzer[9] senden sie eine Gruppe von ca. fünf bis acht Wellenlängen aus, die man normalerweise auch in der Ausstrahlung von Wasseradern und Gittersystemen feststellen kann. Es gibt Nosoden von bestimmten Krankheiten. Die Vorgehensweise des Radiästheten ist die, daß er zunächst die Wellenlänge der Nosoden beispielsweise mit der Wellenlänge eines Schlafplatzes und dann die Polarisation sowohl der Nosoden als auch der Schlafplatz-Wellenlängen vergleicht und schließlich noch einen Resonanz-Reaktionstest macht.

Ich erwähnte, daß es Nosoden bestimmter Krankheiten gibt. Natürlich ist auch eine Carcinomium-Nosode dabei. In diesem Zusammenhang darf ich es noch mal wiederholen: Radiästheten verglichen krebserzeugende Stoffe wie Asbest, Benzpyren usw. – die ja auch alle eine spezifische

Wellenlänge ausstrahlen – mit den Wellenlängen einer Carcinomium-Nosode. Alle krebserzeugenden Stoffe hatten die gleichen sieben Wellenlängen, die auch in der entsprechenden Krebs-Nosode gefunden wurden, und alle sieben hatten auch eine linkszirkulare Polarisation. Schweitzer schließt aus diesem Ergebnis auf eine biophysikalische und nicht auf eine chemische Erklärung der Wirkungsweise von krebserzeugenden Stoffen.

Die Nosode ist also eine Art Materialmuster, das die Sinne des Radiästheten für eine bestimmte Substanz schärft. Diese Vorgehensweise ist bei Rutengängern nicht neu. Es war schon immer Tradition, eine kleine Probe von der Substanz oder dem Objekt mitzuführen, nach dem sie mit ihrer Rute fahndeten[50].

Man nennt diese Praxis auch »Sympathieprinzip«. Hat das Materialmuster einige oder sogar mehrere Eigenschaften mit dem zu suchenden Objekt gemeinsam, so kann sich der Rutengänger besser auf das zu Suchende einstellen. Er wird also, wenn er nach einer verlorenen Silbermünze sucht, eine andere Silbermünze zu der Wünschelrute in die Hand nehmen, oder – erinnern Sie sich zurück an das Ka-

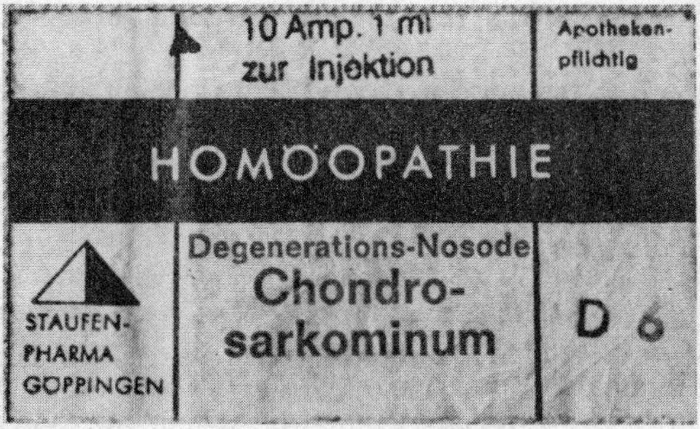

Abb. 24: Packung mit zehn Chondrosarkominum-Nosoden der Firma Staufen-Pharma, Göppingen.

pitel über das Kaisers verlorene Uhr (Kapitel 2.6), hier wäre wohl eine andere Uhr als »Muster« in Frage gekommen.

Bei Wasser bedarf es übrigens keines besonderen Musters, denn der menschliche Körper besteht zu über 90 % aus Wasser, das hier als Materialmuster dient.

Sie erinnern sich außer an des Kaisers verlorene Uhr sicher auch noch an den armen Jagdhund, der eingeklemmt im Fuchsbau festsaß und dessen genaue Position erst ein herbeigerufener Wünschelrutengänger bestimmen konnte (Kapitel 2.10). Auch dieser Rutengänger beschreibt in seinem Bericht, er habe ein Nämlichkeitsmuster benutzt, nämlich Heu aus der Hundehütte des eingeklemmten Vierbeiners. Selbst wenn Sie etwas Distanz zwischen sich und diese schier unglaubliche Geschichte gelegt haben, vielleicht sind Sie aber doch der These gefolgt, daß alles strahlt, also auch menschliches und tierisches Lebewesen. Wenn dem so ist, wird man wohl annehmen dürfen, daß eine gewisse körperliche Ausstrahlung von dem Hund auf das Heu in seiner Hütte übergegangen ist. Der Rutengänger bekommt also irgendwie intuitiv – und zwar dadurch, daß er das Heu in die Hand nimmt – einen Kontakt zu dem im Erdreich festsitzenden Hund. Heu ist hier ein Sympathiemuster, das seine Intuition vertieft und via Hund konzentriert.

Irgendwie erinnert die ganze Sache doch ein bißchen an Eingeborenenzauber oder mittelalterliche Hexerei. Auch hier spielten organische Dinge, wie Fußnägel und Haare oder andere abgeschnittene Körperteile, eine mystische Rolle. Diese Dinge sollten eine gewisse Erwartung und Vorstellung von dem »Opfer« wecken. Machen Sie sich Ihre eigenen Gedanken darüber, inwieweit Sie den beschriebenen Phänomenen folgen oder sie ablehnen.

Ein Letztes noch zu den Nosoden. Sollte Ihnen das Stichwort »KUF-Reihe« einmal begegnen, so sollten Sie wissen, daß damit eine mit Nosoden gemachte Versuchsreihe in aufsteigenden Potenzen gemeint ist. Sie dient u. a.

zur Früherkennung von Krankheiten und läuft im Prinzip so ab, wie ich die Wirkungsweise der Nosoden geschildert habe.

Inzwischen gibt es Heilpraktiker, die bei dem sogenannten Buchow-Test alle Organe mit Nosoden durchtesten. Dabei wird ein Blutstropfen des zu Untersuchenden mit einzelnen Nosoden in Verbindung gebracht, und ein Elektrobioskop zeigt an, wenn sich zwischen dem Krankheitserreger eines bestimmten Organs und der Wellenlänge der Nosode eine Übereinstimmung ergibt.

11. PENDEL STATT WÜNSCHELRUTE – AUCH DAMIT GEHT ES

»Am Montag, dem 9. April, haben wir ihn beigesetzt«, schrieb Madame Maria Chabroz an den Abbé Mermet und meinte damit ihren Schwager, der Selbstmord begangen hatte. Das traurige Ereignis fand 1934 statt und war in der Genfer Zeitung *Le Courrier de Genève* nachzulesen[51].

Der Schwager war auf einer Reise in den Süden Frankreichs in Lyon spurlos verschwunden. Den letzten Hinweis auf seine Person lieferte das vor einem Gasthaus geparkte Auto.

Nachdem die Nachforschungen der Polizei erfolglos blieben, wandte sich die Familie in ihrer Not an den Abbé Mermet, einen bekannten Pendler. Der sensitive Abbé ließ sich ein Bild des Vermißten und den Stadtplan von Lyon geben und beschrieb dann exakt den Reiseweg bis hin zu einer Stelle, an der der Gesuchte ins Wasser der Rhone gefallen sei. Schließlich legte sich Abbé Mermet auch noch auf den Ort fest, an dem die Leiche mittlerweile angeschwemmt worden sei. Alle mit Hilfe eines Pendels gemachten Aussagen trafen zu.

Diese durch Dokumente belegte Geschichte ist ein Beispiel für Tele-Radiästhesie. Sie ist wohl auch ein überzeugender Beweis dafür, daß die durch die Wünschelrute gewonnenen Erkenntnisse und Erfahrungen auch mit einem Pendel gesammelt werden können. Wenn es manchmal sogar auf Entfernung klappt, ist doch um so wahrscheinlicher, daß Prognosen »vor Ort« mittels eines Pendels erst recht möglich sind.

11.1 Auch das Pendeln klappt nur bei sensitiven Menschen

Vielleicht ist die Wünschelrute in den letzten Jahren schon etwas mehr in den wissenschaftlichen Bereich gerückt worden, während dem Pendel noch immer etwas von Magie und Okkultem anhaftet.

Über Sensitive habe ich bereits mehrfach berichtet. Viele haben diese Gabe, ohne es zu wissen. Der österreichische Baron Reichenbach, von dem in Kapitel 10.3.1 die Rede war, hat viele Sensitive befragt und deren Gemeinsamkeiten festgehalten.

Vielleicht testen Sie einmal anhand dieser Merkmale, ob Sie möglicherweise für Pendel oder Wünschelrute begabt sind. Nach Reichenbach haben Sensitive oft einen unruhigen Schlaf und finden sich beim Erwachen unbedeckt. Sie mögen es überhaupt nicht, mit einem Schlafgenossen ein Bett zu teilen, und schlafen im allgemeinen nur auf der rechten Seite liegend gut ein.

Sensitive haben nach Reichenbach auch eine Abneigung gegen vollbesetzte Theater oder Kirchen und überhaupt gegen eine dichtgedrängte Gesellschaft von Menschen. In einem Bundesligastadion werden sie also wahrscheinlich am liebsten ganz außen an der Seite sitzen.

Säuerliches, wie Apfelsinen und anderes Obst, mag der Sensitive nicht, aber, wenn ihm jemand bei der Begrüßung die rechte Hand längere Zeit festhält. Es kann dann passieren, daß er sich schließlich losreißt.

Noch eine Merkwürdigkeit gibt es beim Reiben der inneren Handflächen: Die linke innere Hand erscheint ihm dabei entschieden wärmer als die rechte.

Sensitive, die übrigens manchmal schlafwandeln oder im Schlaf sprechen, meiden die gelbe Farbe. Ein blühendes Rapsfeld ist ihnen ausgesprochen unangenehm, aber ein Veilchen mit der Ergänzungsfarbe Blau mögen sie.

11.2 Die »imprägnierte Jungfrau« – ein phantastisches Geschichtchen

Der Geheimrat von Weimar und Dichterfürst Johann Wolfgang von Goethe hat wohl auch um die Pendelkunst gewußt oder sich mit ihr beschäftigt, wie man seinen »Wahlverwandtschaften«[52] entnehmen kann, jener Kunst also, bei der ein Metallring oder Kegel an einem Seidenfaden oder einer Uhrkette zwischen Daumen und Zeigefinder gehalten wird. Das Pendel kann nun hin und her schwingen, also von links nach rechts oder geradewegs auf den Pendelnden zu und von ihm weg, oder auch kreisrunde bzw. ellipsenförmige Bewegungen durchführen.

Wenn ich mich richtig informiert habe, scheint es bei den Pendlern keine festen Normen über die Schwingungszahlen und die Fadenlängen zu geben. So wird also ein Pendel mit einer Fadenlänge von 80 Zentimetern viel langsamer schwingen als ein solches am kurzen Faden.

Auch die alten Griechen und Römer kannten schon das Pendel. Sie benutzten es als Wahrsageinstrument und Orakel. Das ging so durch die Jahrhunderte bis hin zum »Ring der Nibelungen«, der ja letztlich auch ein Pendel war, mit dem der Goldschatz im Rhein gesucht werden sollte.

Der Kirche wurde es ausgangs des Mittelalters zu bunt, und sie ging per päpstlicher Verordnung gegen die Pendelweissagungen vor. Es nützte nichts. Denken Sie einmal zurück an die Nachkriegsjahre. Wahrsagerinnen, die das Bild eines vermißten Familienangehörigen oder Verlobten auspendelten, hatten Hochkonjunktur. Auch heute noch wird dies und das ausgependelt, angefangen von der Verträglichkeit der Lebensmittel bis hin zur Partnerschaftsfrage und Zusammensetzung eines Arbeitsteams frei nach dem Motto »wer paßt zu wem, und wer kann mit wem?«.

Ich habe bisher immer von »der« Pendel gesprochen. Beim physikalischen und mathematischen Pendel müßte man wohl sagen »das« Pendel. Galilei inspirierte das Pendel zu seinen Schwingungsgesetzen. Und das ist etwas Solides, mathematisch Beweisbares. Was sonst am seidenen Faden hängt, ist manchmal eine recht halbseidene Sache. Nicht, daß ich die Aussagekraft des Pendels in den Fingern eines geübten Sensitiven geringer einschätzen möchte als die Wirksamkeit einer Wünschelrute, aber beim Pendel ist alles noch viel mehr von einem mystischen Schleier des Okkultismus überlagert.

Und da fällt mir die Geschichte von der »imprägnierten Jungfrau« ein, die ich irgendwo gelesen habe und Ihnen nicht vorenthalten möchte. »Ein schwerwiegender Satz«, so sagt der Urheber der »Jungfrauenthese« selbst. Ich finde, er hat recht. Lassen wir ihn deshalb selbst zu Wort kommen.

> *»Der erste in das vordem unberührte Weib eindringende Samen imprägniert es fürs Leben. Sämtliche Kinder, gleichgültig, mit welchem Manne gezeugt, tragen Erbgut des Deflorierers in sich. Telegonie, Fernzeugung nennt es die Wissenschaft. Glahn fand diese Behauptung durch den Pendel bestätigt. Selbst nach langjähriger Ehe war der Einfluß des ersten Geschlechtsverkehrs noch zu spüren. Eine Einschränkung allerdings räumt die Wissenschaft ein: Nur wenn der Same in das weibliche Organ gelangt, findet die physiologische Imprägnation statt, die fernzeugend wirkt.«*[53]

Die Wertung dieses Zitats überlasse ich Ihnen. Mir persönlich wurde dabei irgendwie bewußter, weshalb Wissenschaftler manchmal mit vehementer Schärfe die vielschichtigen Komplexe »Erdstrahlen, Pendel und Wünschelrute« für nicht ernsthaft diskussionswürdig befinden.

Mir wurde außerdem bewußt, daß die Radiästhesie gut beraten ist, wenn sie sich von Magie, Wahrsagerei und parapsychologischen Phänomenen abgrenzt.

12. WIE REAGIEREN TIERE AUF ERDSTRAHLEN?

12.1 Hunde und Katzen – auch bei Erdstrahlen verschiedenartig wie »Katz und Hund«

Die meisten Tiere meiden Reizzonen. Sie sind also »Strahlenflüchter«. Dazu gehört insbesondere das Nutzvieh des Bauern, wie Rinder, Schweine, Schafe und Pferde.

In den Berichten der Rutengänger ist immer wieder die Rede von einem schlecht gedeihenden Stück Nutzvieh, das mit anderen Tieren im gleichen Stall steht, vielleicht aus gleicher Zucht stammt, jedenfalls das gleiche Futter erhält und dennoch kränkelt und im Wuchs zurückbleibt. Auch Rinder leiden unter Reizzonen und können daran zugrunde gehen.

Ausgesprochen empfindlich reagiert der Hund auf linkszirkular polarisierte Erdstrahlen. Er wird sich im Zimmer nie an einem solchen Platz zur Ruhe niederlassen. Deshalb auch der Rat an junge Eltern, die Wiege eines Säuglings, der unruhig ist und oft schreit, an einen Platz zu stellen, an dem sich ein Hund niedergelassen hat.

Ganz anders dagegen die Katze. Mit Wonne sucht sie »bestrahlte« Plätze. Nun ist die Katze ein Nachttier. Außerdem ist ihr Fell strahlungsabweisend. Da die Erdstrahlung tagsüber nicht so stark ausgeprägt ist – und Katzen sind nachts oft unterwegs – kann man davon ausgehen, daß die Strahlendosis für Katzen ohnehin nicht allzu hoch ist.

Georg Otto[11] berichtet von einem Kater, der im Haus seiner Schwester zwei Lieblingsplätze hatte. Entweder huschte er auf ein Radio, obgleich dieses hoch auf dem Schrank stand, oder aber er bevorzugte ein Kopfkissen im Schlafzimmer. An der ersten Stelle fand der Radiästhet eine Wasserader und an letzterer sogar einen Kreuzungspunkt von zwei Wasseradern, die im Keller angebohrt wurden und in sechzig Meter Tiefe zu einer Mineralwasserquelle führten.

Abb. 25: Ein Stall wird vermessen, in dem das Vieh erkrankt ist. Die Rute verharrt noch in Ruhestellung (Ullstein-Bilderdienst).

Abb. 26: Nur noch einen Schritt weiter vorwärts, und die Rute schlägt nach oben fast im rechten Winkel aus. Die Reaktion kann – je nach Rutenhaltung – auch nach unten erfolgen. Im vorliegenden Fall befand sich hinter dem Fenster im Stall eine besonders gefährliche Adernkreuzung (Ullstein-Bilderdienst).

Abb. 27: Mit Wonne sucht sich die Katze Reizzonen als Ruheplätzchen aus. Foto: Willi Grün

12.2 Ameisen als Baubiologen

Genauso wie die Katzen lieben auch Bienen und Ameisen Reizzonen. Mayer/Winkelbaur[2] zitieren eine Theorie, wonach Bienengift und Ameisensäure die Erdstrahlung neutralisiert bzw. die linkszirkulare Lichtwellenebene der Zellen nach rechts dreht.

Wir haben in Kapitel 7.3 gelesen, daß die Frage, wie eine Reizzone polarisiert ist, von großer Wichtigkeit für ihre krank machende Wirkung ist. Eine linksdrehende Polarisation hat im allgemeinen pathogene Wirkung (Ausnahme: Multiple Sklerose = rechtsdrehend).

Stimmt also die Theorie, so könnten schon deshalb sogar stärkste Strahlungen aus linksdrehenden Wasseradern Bienen und Ameisen nichts anhaben, weil die Säure automatisch eine »Umpolung« vornehmen würde.

Einem Bericht zufolge hat man früher in Bayern, bevor man ein Haus baute, einen Ameisenhaufen am Bauplatz vergraben. Blieben die Krabbeltiere, so war es ein Zeichen, daß sie sich wohl fühlen, was auf eine Reizzone schließen ließ. Dann suchten die Bauwilligen – zumindest für das Schlafzimmer – einen anderen Platz. Verließen aber die Ameisen den ihnen zwangsweise zugewiesenen Platz, wurde dies als Anzeichen dafür gewertet, es könne sich nur um eine strahlungsfreie Fläche handeln, die ihnen – eben wegen der fehlenden Strahlung – nicht behagte. Dann gab es keine Bedenken mehr, das Haus an dem geplanten Platz zu errichten.

Ein Neuwieder Bürger, mittlerweile Vorsitzender der Ameisenschutzwarte Rheinland-Pfalz, hat es sich zur Aufgabe gemacht, der in ihrer Existenz bedrohten roten Waldameise zu helfen. Also ging er in Neubaugebiete und startete die Aktion »Ameisenevakuierung«. Zu seinem größten Verdruß verließen jedoch die Sechsbeiner schon nach kurzer Zeit die ihnen im Wald zugewiesene neue Heimat.

Eines Tages erhielt dann der Naturschützer den entscheidenden Tip aus dem benachbarten Koblenz: Ameisen nisten stets auf Wasserkreuzungen! Der Tipgeber war Rutengänger und stapfte einen ganzen Tag mit dem Naturschützer von Ameisenhügel zu Ameisenhügel, wo er mit seiner Wünschelrute beweisen konnte, daß alle Hügel auf Wasserkreuzungen gebaut waren.

Seither verlaufen die Umsiedelaktionen unproblematisch. Wird ein Ameisenvolk evakuiert, so erhält es im neuen Waldrevier einen Platz auf einer sogenannten Reizzone, der außerdem mit einem Ameisen-Schutzzelt, einem Holzgestell mit dünnmaschigem Draht, abgedeckt wird. Waldameisen stehen zwar schon seit zweihundert Jahren unter Naturschutz, aber ihr Lebensraum ist durch Abholzungen für Bau- und Industriegelände immer begrenzter geworden. So verhindern dann die Schutzzelte, daß hungrige Vögel und die Schuhe neugieriger Touristen den roten Ameisen zu nahe kommen.

Die Ameisenschutzwarte Rheinland-Pfalz in Neuwied kennt mittlerweise »fast 4 000 geschützte Hügel mit etwa drei Milliarden Einwohnern«[54]. Alle »Einwohner« leben auf Reizzonen und fühlen sich wohl. Versteht sich.

12.3 Die Glücksbringer Störche und Schwalben

Gar so verträglich untereinander sind Störche und Schwalben nicht, aber sie gelten dem Menschen als Glücksbringer.

Radiästheten fanden heraus, daß auch die Vögel auf Reizzonen reagieren. Mir wurde von einem Rutengänger berichtet, daß ein neueingerichteter Taubenschlag von den Tauben so gut wie nicht angenommen wurde. Nur vereinzelt begaben sie sich in das Gehäuse. Die meisten saßen auf dem Dach oder den Bäumen in der näheren Umgebung. Der Rutengänger ortete eine linksdrehende Reizzone unter der Einflugschneise. Er habe sodann durch ein Feldveränderungsgerät die Störwirkung aufgehoben, und zum großen Erstaunen des Taubenzüchters seien daraufhin fast alle Tiere seinem Lockruf gefolgt und in den Taubenschlag eingezogen.

Störche bauen ihr Nest gerne auf zwei rechtsdrehenden Wasserkreuzungen. Wer dies bei der Anbringung von Nisträdern auf seinem Dach berücksichtigt, hat vielleicht eher die Chance, daß sein »Nistvorschlag« von den langbeinigen Tieren angenommen wird.

Ein Stall, in dem Pferde und Rinder krank wurden, galt früher als verhext. Nisteten die Schwalben in seinem Stall, so sah es der Bauer gerne, denn sie galten als Glücksbringer. Wo ein Schwalbennest ist, kann keine linksdrehende Wasseradernkreuzung sein. Ist das die Erklärung für einen alten Volksglauben?

Bei Hühnern, die auch zur Gattung Vögel gehören, hat man beobachtet, daß sich in manchen Ställen alle Tiere nachts auf einer Seite der Stange regelrecht drängelten

und andere Stangen, die bequemen Platz geboten hätten, dagegen leer blieben. Die leeren Stangen waren – wie man feststellte – »bestrahlt« und wurden vom Federvieh gemieden.

Heute haben Brutmaschinen das Brutgeschäft übernommen. Als aber die Glucken noch von Hand auf ein Dutzend Eier zum Brüten gesetzt wurden, verließen sie manchmal entgegen aller Gewohnheit den Brutplatz, bis man das Nest auf eine andere Stelle verrückte. Die Erklärung dürfte auch hier in Störzonen zu suchen sein, weil man von Tauben weiß, daß sie nur strahlungsfreie Teile des Taubenschlags zum Brüten benutzen.

13. BAUMKREBS UND DREHWUCHS – AUCH BÄUME UND PFLANZEN »LEIDEN« IN REIZZONEN

Sicher haben Sie bei einem Waldspaziergang schon Bäume mit häßlichen Wucherungen oder mit einem regelrecht »verdrehten« Stamm entdeckt, an dem sich ein Rindenwulst schraubenförmig gedreht nach oben erstreckt. Auch werden Sie sogenannte Zwiesel, das sind geteilte Stämme, entdeckt haben. Vielleicht waren es mehrere, die eine regelrechte Reihe bildeten und ein Anzeichen dafür sind, daß sie alle auf einer Wasserader stehen, deren Verlauf Sie dann unschwer erkennen können.

Im Winter treten die »Hexenbesen« an Bäumen besonders deutlich hervor. Die büschelartig eng ausgestriebenen Äste sind ebenfalls ein Zeichen für Reizzonen. Wird ein Baum mit solchen Abnormitäten gefällt und Sie haben Gelegenheit, ihn zu untersuchen, so werden Sie im Geäst so gut wie nie ein Vogelnest finden, weil Vögel Erdstrahlenflüchter sind.

Von Pohl[15] vertritt die Auffassung, daß strahlenempfindliche Bäume auf die Strahlungen aus Verwerfungen und Erdspalten noch mehr reagieren als auf Untergrundstrahlungen aus Wasseradern. Er verweist auf mehr oder weniger breite Streifen, die man in jedem Wald findet und auf denen kein Baum gedeiht. Ja, sogar der Graswuchs auf diesen Streifen ist dürftig.

Nun meint von Pohl, die baumfreien Streifen in den frühen Urwäldern des Landes seien als Verbindungswege zwischen den Siedlungen genutzt und später zu Straßen ausgebaut worden. Da sie unterirdischen Wasseradern und Verwerfungen folgten, hatten sie allerlei unmotivierte Windungen und Kurven, die man heute noch, nachdem der Wald längst gerodet ist, verfolgen kann. Auch im Flachland gibt es solche Straßen von alters her, und hier hätten sie eigentlich schnurgerade verlaufen müssen.

Abb 28: Buche mit Krebsgeschwulst (Baumwucherung) im Gemeindewald von W. (Westerwald). Die drei Wasseradern als Ursache der Geschwulst sind mit Papierstreifen markiert. Die Vermessung erfolgte durch den Rutengänger G. H. aus H. nach der »Grifflängentechnik« (vgl. Kapitel 7.2).

Abb. 29: Die drei Wasseradern haben eine fast gleich breite Schwerpunktzone.

Abb. 30: Außer der Krebsgeschwulst ist die schraubenförmige Verdrehung des Buchenstammes deutlich erkennbar. Foto: Willi Grün

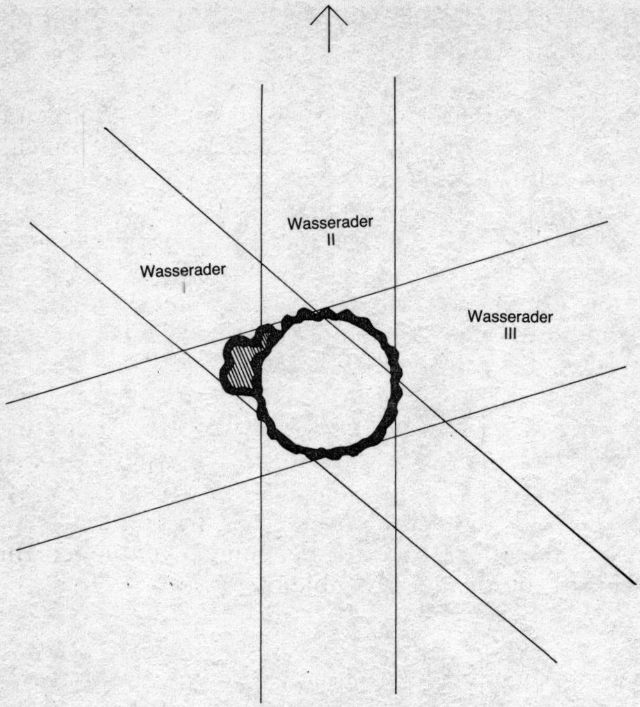

Abb. 31: Die radiästhetische Analyse der Buche zeigt, daß sie im Kreuzungsbereich von drei ziemlich ausgeprägten Wasseradern steht. Vermessung der Gitternetze ist nicht erfolgt.

13.1 Die Buche sollst du suchen – sie ist ein Strahlenflüchter

Wie bei den Tieren gibt es auch bei Bäumen und Pflanzen Strahlensucher und Strahlenflüchter.

Buchen und Linden gedeihen nicht auf Reizzonen und meiden sie. Man wird also davon ausgehen müssen, daß sich unter einer gesunden, nicht vom Baumkrebs befallenen Buche keine Wasserader befindet. Denken Sie noch einmal zurück an Kapitel 6.7, wo berichtet wird, daß Blitzeinschläge mit großer Häufigkeit in Reizzonen erfolgen. Ist also etwas dran an der alten Volksweisheit, daß man bei einem Gewitter die »Buchen suchen« und die »Linden finden« soll? Auch Linden sind nämlich Strahlenflüchter. Wer also im Wald vom Gewitter überrascht würde, wäre so gesehen gut beraten, sich unter einer Buche oder Linde unterzustellen, und nicht unter einer Eiche (vor Eichen sollst du weichen), einer Fichte oder einer Tanne. Die letztgenannten Bäume sind Strahlensucher, stehen demgemäß manchmal auf einer Wasserader und sind bei Blitzschlägen gefährdeter als Buchen und Linden.

Ich persönlich halte nichts von derlei Sprüchen. Bei einem heftigen Gewitter im Wald würde ich mich unter überhaupt keinem Baum unterstellen, sondern das tun, was die Gewitterforscher vorschlagen: In die Hocke gehen und dabei beide Füße eng beieinanderstellen, damit das Spannungspotential im Erdboden bei einem eventuellen Blitzeinschlag in der Nähe gering bleibt.

13.2 Versuche mit Pflanzungen – Ergebnisse widersprüchlich

In einer ökochemischen Diplomarbeit[55] wird unter Berufung auf verschiedene Quellen eine Einteilung der Bäume in Strahlensucher und Strahlenflüchter vorgenommen.

Strahlensucher: Eiche, Weide, Kastanie, Haselnuß, Fichte, Tanne und Lärche.

Strahlenflüchter: Buche, Linde, Nußbaum, Platane, Birke und Kiefer.

Zur Eiche wird bemerkt, sie sei, wenn sie auf einer Reizzone stehe, wüchsiger und gesünder, und wildwachsende Eichen würde man immer auf einer Reizzone antreffen.

Der Strahlenflüchter Birke neigt auf Reizzonen zu schiefem Wuchs, der sich bis zum Erdboden krümmen kann, und zur Ausbildung von Mehrfachstämmen (Zwieselung).

Obgleich die Fichte den Strahlensuchern zugerechnet wird, ergab sich bei einem untersuchten Waldstück über Reizstreifen eine Rotfäule von 44 %, über unbestrahlten Stellen dagegen von nur 12 %.

Als allgemeine Krankheiten von strahlenflüchtenden Waldbäumen werden das Austreiben von Mehrfachstämmen, der Drehwuchs, die Spitzendürre, das Absterben von Ästen, Rot- und Blaufäule, Baumkrebs und plötzlicher Blattabfall genannt.

Inwieweit lassen sich nun radiästhetische Beweise für diese Krankheitssymptome durch Versuche finden? Es wird von einem 1934 durchgeführten Versuch berichtet[56], der für die dabei eingesetzten Wünschelrutengänger einen wenig schmeichelhaften Ausgang hatte. Versuchsort war eine Kahlfläche im Forst von München-Forstenried. Die Rutengänger sollten feststellen, ob sich bei Stellen mit schlechtem Wuchs eine Reaktion der Wünschelrute ergab und andererseits bei gutem gesunden Baumbestand ausblieb.

Der Rutenausschlag erfolgte bei Waldstellen mit schlechtem Wuchs auch prompt, aber nur dann, wenn die Rutler den schlechten Zustand der Bäume in Augenschein nehmen konnten. Im Blindversuch mit verbundenen Augen oder bei Baumkronenschäden mit auf den Waldboden gerichteten Augen hielten sich die richtigen Aussagen und die Fehlmutungen ungefähr die Waage.

Sodann wurde ein Kahlschlag aufgeforstet, in dem Rutengänger vorher die schlechten Standorte (mit Rutenausschlag) und die guten Plätze (ohne Rutenausschlag) festgelegt hatten. Die Bepflanzung erfolgte gleichmäßig mit Kiefern. Nach einem Jahr verglich man das Wachstum an den schlechten und den guten Stellen. Es ergaben sich keine Unterschiede.

Über die Qualifikation der Rutengänger wird in einem Fall berichtet, es habe sich um einen anerkannten Rutengänger gehandelt. Zu dem Versuch ist nicht überliefert, ob es sich um Rutenausschläge bei einfachen Wasseradern handelte oder ob auch Doppel- oder Mehrfachkreuzungen festgestellt wurden. Außerdem gibt es keine Aussagen zu unterirdischen Verwerfungen, die – wie wir gehört haben – schädlichere Auswirkungen auf den Baumwuchs als Wasseradern haben.

Wenden wir uns deshalb einem Versuch aus neuerer Zeit zu[57], der in der Forstwartei Hummetal unter Aufsicht von Forstbeamten stattfand: Eine eingezäunte Fläche, die für eine Laubholzkultur vorbereitet war, wurde vor der Bepflanzung von einem Radiästheten untersucht. Er stellte ein Strahlungsfeld in Form eines acht bis zehn Meter breiten Streifens fest. Eine Aussage über den Ursprung der Strahlung ist nicht gemacht. Nun erfolgte die Bepflanzung mit Esche, Bergulme, Sommerlinde und Bergahorn, wobei alle Pflänzlinge aus der gleichen Lieferung stammten. Die nach drei Jahren vorgenommene »Inventur« brachte interessante Ergebnisse: Die Wachstumsunterschiede zwischen strahlungsfreier und bestrahlter Erde betrugen – je nach Baumart – zwischen 67 und 74 %, im Mittel 69 %. Auf dem Reizstreifen war ein stärkerer Befall der Bäume von Blattwespen, Blattläusen und Zwieselmotten feststellbar. Auch wurden vermehrt trocken gewordene Höhentriebe und ganz verdorrte Pflanzen bemerkt. Die Forstleute betonten, die Vitalität der Pflanzen auf den unbestrahlten Streifen sei durch dunkelgrüne, größere Blätter und mehrfach auswachsende Seitentriebe deutlich erkennbar.

Exakte Angaben über die radiästhetische Untersuchung von Bäumen mit Krebsbefall macht Dr. Schweitzer[9]. Bei nur einer Wucherung befindet sich am Standort des Baumes eine Reizzonenkreuzung mit mindestens zwei Wasseradern-Schwerpunktzonen und zwei normalen Zonen des Diagonalnetzes. Mehrere Wucherungen weisen auf einen Standort hin, an dem außer den Wasseradern-Schwerpunktzonen noch zusätzlich Doppelzonen des Global- und Diagonalnetzes auftreten.

13.3 Blütenreiche Obstbäume, die keine Früchte tragen

Der Großvater und der Vater hatten schon an drei gleichen Stellen des bäuerlichen Gartens immer wieder versucht, Obstbäume zu pflanzen, und auch der Enkel resignierte: »Ich konnte setzen, was ich wollte, es blieb nichts am Leben!« So wird es an verschiedenen Stellen der einschlägigen Literatur berichtet.

Also reagieren auch Obstbäume auf Erdstrahlen. Sie sind edler als Waldbäume und reagieren entsprechend empfindlicher, wie schon Freiherr von Pohl[15] feststellte.

Es ist wie bei den Menschen. Nicht jeder Baum, der kränkelt, muß auf einer Reizzone stehen. Wenn in Ihrem Hausgarten aber mehrfach Bäume an der gleichen Stelle eingegangen sind, so könnten – sofern eine lokale Bodenbesonderheit ausscheidet – durchaus Erdstrahlen die Ursache sein, und Sie sollten das Bäumchen an eine andere Stelle pflanzen, auch wenn die Baumreihe nun nicht mehr exakt und symmetrisch ist.

Besondere Empfindlichkeit gegen Erdstrahlen wird Kernobst, besonders dem Apfelbaum, nachgesagt. Baumkrebs, Drehwuchs und schlechtes Gedeihen, Krümmen des Stammes, Fruchtkernfäule und fehlender Ertrag können die Folge sein. Von Pohl berichtet von blühenden Obstbäumen, die aber keine Früchte trugen, und Käthe Bachler[16] steuert aus ihrem Erfahrungsschatz einen Fall bei, in dem ein 50jähriger Apfelbaum auf einer Wasserader gepflanzt worden war, dann aber schief wuchs und die Krone schließlich in eine strahlungsfreie Zone gelangte. Der Baum war ertraglos bis auf die Krone, die einige Früchte brachte.

Manche Apfelbäume auf Reizzonen neigen sich nicht etwa wie andere Bäume in der üblichen Windrichtung, sondern nach der Stromrichtung der unterirdischen Wasserader[15].

Die These, Kernobstbäume seien zu den Strahlenflüchtern und Steinobstbäume zu den Strahlensuchern zu rechnen, ist umstritten. So hält beispielsweise von Pohl[15] den Pfirsichbaum für den empfindlichsten Baum, der auf einer Wasseradernkreuzung grundsätzlich nicht anwächst.

Auch dem Kirschbaum sagt man besondere Strahlenempfindlichkeit nach. Es wird von gesunden jungen Bäumen berichtet, die schon zwei Jahre nach der Pflanzung kränkelten. Schließlich welkten die Blätter, und die Bäume starben ab.

Otto[11] hat eine Kindheitserinnerung an einen Kirschbaum im Garten eines Onkels, der zehn Jahre lang ertragslos blieb und abgeholzt wurde. Ein an gleicher Stelle neu gepflanztes Bäumchen brachte ebenfalls keine Früchte, war aber dafür bei den Ameisen besonders beliebt, die an seinem Stamm ein reges Treiben veranstalteten. Schon aus diesem Umstand schloß der Rutengänger, der Baum müsse sich auf einer gestörten Stelle befinden. Ameisen lieben Reizstrahlen, wie wir in Kapitel 12.2 gesehen haben.

Käthe Bachler[16] indessen rechnet den Kirschbaum zu den Strahlensuchern. Es wird wahrscheinlich so sein, daß man kein allgemeingültiges Urteil fällen kann, weil es auch noch auf die Züchtung (Sorte) ankommt. Von Pohl zögerte mit einem abschließenden Urteil und beklagte, zu viele Gartenbesitzer seien über die Namen der Sorten nicht genügend orientiert. Er äußerte die Vermutung, es gebe wohl mehr oder weniger empfindliche Sorten.

13.4 Waldsterben – das Ergebnis »elektromagnetischer Luftverschmutzung«?

Es konnte nicht ausbleiben, daß sich die Radiästheten einem aktuellen Thema zuwendeten, das derzeit alle bewegt: dem Waldsterben.

Darüber liegt ein Ergebnisbericht des Radiästhetischen Arbeitskreises Schweinfurt[58] vor. Die Rutengänger machten bei Hausuntersuchungen Strahlen aus, die sie nicht den ihnen bekannten Emissionen von Wasseradern, Gittersystemen und Verwerfungen in der Erdkruste zuordnen konnten. Sie glauben, als deren Quellen die Senderanlagen von Rundfunk, Fernsehen, Richtfunk und Radar ausgemacht zu haben. Es handele sich um Strahlen nichtnatürlichen Ursprungs von Sendeanlagen, die auf sogenannten Erdstrahlenkreuzungen stehen, dabei regelrecht aufgeladen werden und eine Vielzahl von Frequenzen aussenden. Sowohl die Erdstrahlung als auch die kosmische Strahlung werde dann verstärkt in alle Himmelsrichtungen ausgesendet, teilweise sogar über mehr als hundert Kilometer. Die Abstrahlung erfolge nach drei Seiten negativ, nach einer Seite positiv und lade das elektromagnetische Feld der bestrahlten Gebiete auf bzw. ab. Weite Landstriche würden negativ beeinflußt, das Kräftefeld der Erde gestört und biologische Steuerungsvorgänge durcheinandergebracht.

Die Schweinfurter Radiästheten überprüften verschiedene Waldbezirke und sind der Meinung, daß zuerst solche Bäume krank werden, die von den Abstrahlungen der Senderanlagen direkt getroffen werden und außerdem selbst auf Reizzonen stehen. Wegen der unterschiedlichen Krankheitsmerkmale bei verschiedenen Baumsorten möchten sie der Frequenz der ausgesandten Strahlung Bedeutung beimessen.

Unterstützung erhalten die Schweinfurter von einem Schweizer Diplomarchitekten, der sich ebenfalls zum Thema Waldsterben zu Wort meldete und einen Zusammenhang zwischen UKW-Wellen und dem Zugrundegehen der Bäume sieht. Es gebe in der Schweiz über hundert UKW-Sender und Umsetzer. Wenn man die verschiedenen Kanäle dazurechne, seien es sogar 230 Sender allein im UKW-Bereich, also ohne Kurzwellen- und Mittelwellensender und ohne Radar- und private Sender.

Bei einer solchen Massierung sieht der Schweizer Diplomarchitekt für das Flachland eine regelrechte »elektromagnetische Luftverschmutzung«, und dies während 24 Stunden täglich.

Seine Empfehlungen: Erforschung der elektromagnetischen Einflüsse auf Menschen und Pflanzen und Verringerung der Sendestärke während der Nachtzeiten.

Wie werden die Deutsche und Schweizer Bundespost auf solche Überlegungen reagieren?

Ich fürchte, ein Gespräch mit den Radiästheten kann keinen Konsens bringen. Auf der einen Seite sind die mit Technik vollgepackten Meßwagen der Post, die aber eben »nur« physikalisch meßbare Wellen registrieren können. Auf der anderen Seite dann die Radiästheten mit ihren Kunststoffruten und Lecher-Antennen und den von den Posttechnikern nicht nachvollziehbaren Ausschlägen.

Ich hatte Gelegenheit, das Thema »Waldsterben« als Folge von UKW-Sendern, die zufällig auf Reizzonen errichtet sind, mit einem Forstrat zu erörtern. Dieser zeigte sich interessiert und informiert und kannte auch die These, wonach Baumäste mit entsprechenden Längen oder Teillängen regelrecht wie Antennen wirken und in elektromagnetische Resonanz bzw. Aufladung kommen könnten. Er hatte ein besonders vom Waldsterben bedrohtes Gebiet zusammen mit einem Rutengänger besichtigt und war in keiner Weise von dessen Darlegung überzeugt.

Die private Meinung des Forstrats stimmt mit der Auffassung der Forstfakultäten überein, die den Einfluß von Mikrowellen auf Bäume in Abrede stellen. Auch andere einschlägige Behörden und Ministerien haben sich angeschlossen, und damit sind Mikrowellen als Ursache für das Baumsterben kein offizielles Thema mehr.

Ich las jedoch von einem interessanten Versuch[58a], bei dem angeblich um geschädigte Bäume sogenannte Faradaysche Käfige angebracht worden sind. Sie wissen sicher, daß diese Käfige aus leitenden Metallen sind, in deren Inneren man sich ungefährdet, weil ohne elektrische Spannung, aufhalten kann. Das Auto mit eingezogener Antenne ist bei Gewittern ein solcher einschlagsicherer Faradayscher Käfig. Im Deutschen Museum in München gibt es für den Besucher eine eindrucksvolle Demonstration, wenn zwei Museumsangestellte sich in das nur aus Metallgittern bestehende Gehäuse begeben und anschließend ein künstlicher Blitz von mehreren 10000 Volt auf die scheinbar Bedauernswerten niederzuckt und die Zuschauer erschreckt. Aber nach dem Spektakel entsteigen die Versuchspersonen, wie schon Hunderte Male zuvor, unversehrt ihrem Käfig.

Zurück zu unseren Bäumen, die mit einer sehr einfachen Käfigkonstruktion aus Maschendraht auf einem Holzgerüst umgeben wurden. Es wird berichtet, man habe am 12. November 1984 die Abschirmung der geschädigten Fichten mit dem Faradayschen Käfig vorgenommen und schon am 29. Juni 1985 ihre vollkommene Gesundung feststellen können. Die abgefallenen braunen Nadeln seien durch neue grüne ersetzt gewesen, während eine zum Vergleich daneben ungeschützt gelassene Fichte ihre braune Farbe behalten und noch stärkere Schäden gezeigt habe. Am 17. April 1985 habe man dann auch diese Fichte mit dem strahlenabwehrenden Käfig umgeben und nur drei Monate später, am 12. 7. 1985, ihre vollkommene Regenerierung festgestellt. Der interessante Versuch wird von einem Regierungsdirektor a. D. geschildert. Es wäre sicher interessant, ihn unter forstamtlicher Aufsicht zu wiederholen.

13.5 Zimmerpflanzen – manchmal empfindlich wie Mimosen

Wen wundert es noch, daß nach Menschen, Tieren und Bäumen auch Pflanzen auf Erdstrahlen im Mikrowellenbereich reagieren. Hierzu gibt es Versuche des Max-Planck-Institutes für Festkörperforschung in Stuttgart. Natürlich ist dabei nicht von »Erdstrahlen« die Rede, sondern von technisch meßbaren Mikrowellen, die man mit einer Schwingungszahl von 22 Gigahertz auf Hefezellen in einer Nährlösung gerichtet hat[59].

Die Wissenschaftler konnten sowohl Wachstumshemmungen als auch Wachstumssteigerungn hervorrufen und dies mit nur geringfügiger Änderung der Schwingungszahl der Wellen (Frequenz). Wenn es aber auf die Frequenz allein ankommt – so die Wissenschaftler –, handelt es sich um eine nichtthermische Wirkung der Mikrowellen, also um eine nicht durch Wärme verursachte Wachstumsförderung oder -hemmung.

Für weitere Versuche wurden die Riesenchromosomen aus den Speicheldrüsen bestimmter Mückenlarven verwendet und schwachen Mikrowellen ausgesetzt. Die genannten Chromosomen haben an manchen Stellen Ausstülpungen (Balbianiringe), die man sogar unter dem Mikroskop erkennen kann. Nach zweistündiger Bestrahlung mit Mikrowellen von Frequenzen zwischen 41 und 80 Gigahertz und höchstens sechs Milliwatt pro Quadratzentimeter »bildeten sich bestimmte Ringe häufig wieder zurück«. Diese Wirkung hatten die Wissenschaftler bisher nur unter dem Einfluß bestimmter Chemikalien beobachten können.

Sodann nahm man sich Kressewurzeln vor, die man Mikrowellen von 42 oder 56 Gigahertz aussetzte. Bis zu 0,2 Milliwatt pro Quadratzentimeter passierte nichts, aber ab 1 Milliwatt blieben die Wurzeln im Wachstum zurück und stellten schließlich bei einer Bestrahlungsdauer von nur hundert Sekunden mit einer Intensität von sechs Milliwatt ihr Wachstum gänzlich ein.

Bei diesem Versuch wurden die Wissenschaftler an Infrarotstrahlung mit Wellenlänge größer als zwei Mikrometer erinnert, die eine ähnliche Wirkung auf die Wurzeln hat. Das legte den Schluß auf eine geringfügige Erwärmung der Wurzelspitzen nahe, wobei schon 0,1 Grad eine Wachstumshemmung auslösen könnten.

Wissenschaftliche Darlegungen werden von manchen Lesern als spröde empfunden, aber befinden wir uns hier nicht an einer Nahtstelle zwischen exakter Wissenschaft und Radiästhesie? Es besteht doch Übereinstimmung darin, daß die Natur biologische Vorgänge mit verschiedenen Wellenlängen steuert. Da ist es doch gar nicht so weit zu der Schlußfolgerung, daß bestimmte Wellenlängen (z. B. die sogenannte Krebs-Wellenlänge) auch zu *Fehlsteuerungen* im biologischen Organismus führen können.

Nach Schweitzer[9] spielt auch die Polarisation (linkszirkular oder rechtszirkular) beim Wachstumsverhalten von Pflanzen eine Rolle. Viele lassen darauf schließen, daß rechtszirkular polarisierte Frequenzen sich günstig auswirken.

Zimmerpflanzen reagieren auf Reizzonen empfindlich wie Mimosen. Ein günstiger Fensterstandort mit Sonne und Luft allein ist oft nicht Garant für prächtiges Gedeihen. Unerklärliche Gründe lassen eine Blume kränklich erscheinen. Wird sie nur wenige Zentimeter zur Seite gestellt, erholt sie sich rasch und blüht prächtig.

Erdstrahlenpionier von Pohl[15] machte einen interessanten Versuch: Er hatte einer erkrankten Frau zur Umstellung ihres Bettes geraten und ließ nun an den frei gewordenen Platz über einer Reizzone Blumen stellen. Mehrere Pflanzen verdorrten.

Sogar auf Blumensträuße können sich Erdstrahlen negativ auswirken[60]. Bei männlichem Farnkraut und Mimosen konnte man insbesondere ein schnelles Welken über einem Reizstreifen feststellen.

14. GESUNDE ERNÄHRUNG – WELCHE ROLLE SPIELT DABEI DIE MILCHSÄURE?

14.1 Rechtsdrehend oder linksdrehend – das ist hier die Frage

Kramen Sie doch noch einmal in der hintersten Ecke Ihres Gedächtnisses, nämlich dort, wo die Fragmente aus dem Chemieunterricht abgelagert sind.

Natürlich sagen Ihnen die Buchstaben C, H und O noch etwas. Sie erinnern sich deutlich: Es handelt sich um die Atome des Kohlenstoffs, des Wasserstoffs und des Sauerstoffs. Aus diesen Atomen aber ist die Milchsäure zusammengesetzt, die in unserer Nahrung eine große Rolle spielt; sie ist in den sogenannten milchsauren Lebensmitteln enthalten. Diese Milchsäure wird auch Genußmilchsäure genannt, denn wir nehmen sie mit den Genußlebensmitteln zu uns.

Daneben gibt es noch die Fleischmilchsäure, die sich im menschlichen Körper – genau gesagt, in der Muskelzelle – bildet, wenn Traubenzucker und Glycogen abgebaut werden[61].

Die vier Ihnen noch gut bekannten Atome sind nun im Falle der Milchsäure äußerst verwirrend miteinander verbunden, was wir uns am besten anhand der chemischen Formel der Milchsäure verdeutlichen.

Sie bemerken in der Mitte das Kohlenstoffatom (C). Es ist vierwertig, wie die Chemiker sagen, hat also vier »Hände«, die es nach vier Richtungen ausstreckt, um mit Nachbaratomen Verbindungen einzugehen.

An die rechte Hand nimmt es (= obere Formel) ein Wasserstoffatom (H), an die linke gleiche eine OH-Gruppe, also eine Verbindung eines Sauerstoffatoms mit einem Wasserstoffatom. Lassen wir die obere und die untere Hand. Das verwirrt nur.

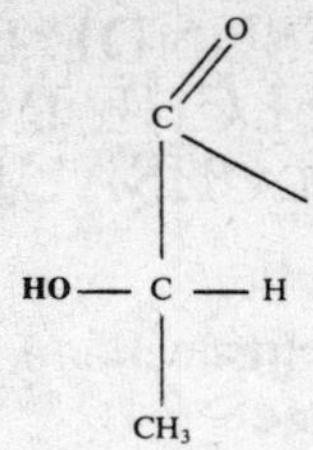

Abb. 32: L-Form der Milchsäure
= L(+)-Milchsäure oder RMS

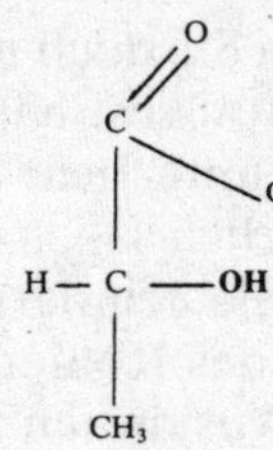

Abb. 33: D-Form der Milchsäure
= D(–)-Milchsäure oder LMS

Bei der unteren Formel bemerken Sie nun, daß die OH-Gruppe an der rechten Hand des Kohlenstoffatoms gehalten wird. In beiden Fällen handelt es sich einwandfrei um die Formel der Milchsäure. Es gibt mithin zwei Arten von Milchsäure: die sogenannte L-Form, bei der sich die OH-Gruppe auf der linken Seite befindet, und dann noch die D-Form mit der OH-Gruppe auf der rechten Seite.

Das aber ist noch nicht alles. Eine weitere Besonderheit wird Ihnen aufffallen. Denken Sie sich einmal eine senkrechte Linie durch das mittlere Kohlenstoffatom. Es wird Ihnen nicht gelingen, zwei spiegelbildlich gleiche Hälften zu erhalten, weil sich auf einer Seite immer ein H-Atom befindet und auf der anderen Seite die OH-Gruppe ihren Platz eingenommen hat. Wenn Sie also die Formel nicht spiegelbildlich teilen können, so ist die Feststellung richtig, daß es sich bei dem C-Atom um ein asymmetrisches C-Atom handelt.

Damit aber sind wir am Ziel unserer Überlegungen. Asymmetrische C-Atome sind nämlich optisch aktiv und lenken polarisiertes Licht in eine bestimmte Richtung. Eine Art Wegweiser bilden dabei die Elektronen des Kohlenstoffatoms, also die elektrisch negativ geladenen Teilchen, die in den Atomhüllen um den Atomkern sausen. Diese Elektronen schaffen es, die Ebene des polarisierten Lichts entweder nach rechts oder nach links zu drehen. Geschieht dies nach rechts, so gibt man dem Stoff ein (+) als Vorzeichen, und bei einer Linksverschiebung wird ein Minus-Zeichen (−) gemacht. Die beiden Zeichen setzt man in eine Klammer und stellt sie jeweils dem Namen des Stoffes voran.

Bei unserer oberen Formel, der L-Formel der Milchsäure, drehen die Elektronen das polarisierte Licht nach rechts. Deshalb wird diese Form der Milchsäure auch als Rechts-Milchsäure oder kurz als RMS bezeichnet.

Nur zur unteren Formel, wo die OH-Gruppe rechts steht, der sogenannten D-Form der Milchsäure. Hier wird die Lichtebene nach links geschoben, und diese Milchsäure heißt demgemäß Links-Milchsäure (LMS-Milchsäure) oder, wie die Chemiker sagen würden, D(−)-Milchsäure.

Wir haben uns hier so gründlich mit der rechtsdrehenden oder linksdrehenden Milchsäure beschäftigt, weil Sie noch aus Kapitel 7.3 wissen, welche enorme Bedeutung der nach rechts oder links gerichteten Polarisation von Erdstrahlen zukommt. Sie erinnern sich: Linkspolarisierte Wasseradernkreuzungen gelten als krebserzeugend.

14.2 Gesundes Körpergewebe nur bei Rechts-Milchsäuren

Wenn man schon weiß, daß im menschlichen Körper in den Muskelzellen Milchsäure entsteht, so ist natürlich die Frage naheligend, wie diese Milchsäure, die Fleischmilchsäure genannt wird, polarisiert ist. Die Antwort ist eindeutig: Ist das Körpergewebe gesund, so kann immer nur Rechts-Milchsäure (RMS) nachgewiesen werden.

Jetzt kommt der Punkt, über den man wieder trefflich streiten kann: Was halten Sie von der Theorie, daß eine linksdrehende Wasseradernkreuzung in der Lage ist, die normalerweise rechtsdrehende Fleischmilchsäure im menschlichen Körpergewebe in die linke (krank machende) Ebene »umzudrehen«? Das wäre doch der chemisch-biologische Schlüssel für die Tumorentstehung!

Für diese gewagte Hypothese müssen wir uns noch etwas Hintergrundmaterial ansehen. Die Rechts-Milchsäure ist eine Art Zwischenprodukt im Stoffwechsel des menschlichen Körpers. Sie durchläuft dabei verschiedene Abbauwege.

Nehmen wir an, Sie joggen. In Ihren Muskeln wird dabei Zucker abgebaut. Es entsteht Milchsäure. Ihre Ermüdung macht sich durch einen deutlich erhöhten Milchsäure-Spiegel im Blut bemerkbar. Sind Sie ein guter Sportler, so können Sie auch eine hohe Milchsäurekonzentration verkraften und damit eine »hohe Sauerstoffschuld«[62] in Kauf nehmen.

Was passiert nun mit der bei der Muskeltätigkeit entstandenen Rechts-Milchsäure? Der größte Teil fließt durch das Blut in die »Chemische Fabrik Leber« und wird dort wieder zu Zucker und schließlich Glykogen verarbeitet. Ein weiterer kleinerer Teil der Rechts-Milchsäure wird zu Kohlensäure und Wasser »veratmet«. Und dann gibt es noch einen ganz geringen Anteil, der durch die Nieren ausgeschieden wird.

Nun zur Links-Milchsäure. Sie hat – obgleich sie vom Darm gut aufgenommen wird[63] – das Handicap, chemisch nicht zu Zucker und Glykogen verändert zu werden. Vielmehr wird sie überwiegend über die Nieren ausgeschieden.

Die Weltgesundheitsorganisation hat angesichts der biologischen Unterschiede von Rechts-Milchsäure und Links-Milchsäure schon 1967 vorgeschlagen, man brauche für den Genuß der Rechts-Milchsäure keine Begrenzung, solle aber die Links-Milchsäure für Kleinstkinder nicht verwenden und bei Erwachsenen eine tägliche Dosis von 0 bis 100 Milligramm pro Kilo Körpergewicht einhalten.

Die Rechts-Milchsäure wird sehr schnell vom Körper verarbeitet, und das ziemlich vollständig. Der Herzmuskel bezieht seine Energie zu 90 % aus Rechts-Milchsäure. Aber selbst wenn dem menschlichen Körper nur Nahrung mit rechtsdrehender Milchsäure zugeführt würde, wie beispielsweise Fleisch und Fleischprodukte, die als tierische Muskeln ja auch Rechts-Milchsäure enthalten, so würde dennoch im Darm auch Links-Milchsäure entstehen, denn dort sind Bakterien am Werk, die in der Lage sind, beide Formen der Milchsäure herzustellen.

Während das gesunde menschliche Muskelgewebe nur Rechts-Milchsäure enthält, konnte bei Forschungen über die Glykolyse von Krebszellen Links-Milchsäure nachgewiesen werden[64]. Das geschah schon 1925 bei den Zellen des sogenannten Jensen-Sarkoms und generell bei Krebszellen anläßlich von Forschungsarbeiten der Jahre 1950 bis 1969.

Die vorsichtigen Wissenschaftler gehen also von einer vermehrten Erzeugung von Links-Milchsäuren in Tumorzellen aus. Sie führen den erhöhten Anfall von Links-Milchsäure sowohl auf die Luftverschmutzung als auch auf die Verseuchung unserer Nahrung mit Spritzmitteln zurück. Das eine führe zu einem Sauerstoffdefizit, das andere zu ungesunder Darmflora, deren Bakterien statt Rechts-Milchsäure vorwiegend die pathogene Links-Milchsäure erzeugten.

Der Rechts-Milchsäure wird eine Antikrebs-Wirkung zugeschrieben, weil sie die Zellatmung aktiviere und Links-Milchsäure durch Racematbildung unschädlich mache.

Die Rechts-Milchsäure ist übrigens in der Lage, die Zellatmung zu 80 % zu erhöhen und damit Ihre Widerstandskraft zu verstärken. Diese Fähigkeit geht der Links-Milchsäure ab. Bei ungenügender Sauerstoffversorgung entsteht aber in allen Zellen Milchsäure, und die Atmung wird durch Milchsäuregärung ersetzt[65]. Tumorzellen haben eine Besonderheit gegenüber gesunden Zellen. Selbst

bei bester Sauerstoffversorgung gibt es eine dominierende Milchsäuregärung, die auf die Rückbildung der Atmungsenzyme in Krebszellen zurückgeführt wird.
Hoffentlich haben Sie unseren Ausflug in das weite physiologische, chemische und biologische Feld der Milchsäure nicht als gar zu langweilig empfunden. Es war irgendwie wichtig, die enorme Bedeutung von »linksdrehend« und »rechtsdrehend« deutlich zu machen, und zwar aufgrund von Darlegungen seriöser Wissenschaftler, an deren Kompetenz in der Fachwelt kein Zweifel besteht.

Wer die geschilderten wissenschaftlichen Fakten akzeptiert, ist vielleicht auch bereit, meine dem Kapitel vorangestellte Hypothese einmal zu durchdenken, daß linksdrehende Wasseradernkreuzungen ihren »Linksdrall« möglicherweise der im menschlichen Körpergewebe rechtsdrehenden Fleischmilchsäure aufzwingen und sie zu einer Krebszelle mit pathogener Links-Milchsäure machen

14.3 Ist die Genuß-Milchsäure in der Nahrung rechts- oder linksdrehend?

Bei der Fleisch-Milchsäure der Körperzellen ist also für die Gesundheit wichtig, daß es sich um Rechts-Milchsäure (RMS) handelt. Die Frage nach dem Drehsinn der Genuß-Milchsäure, die wir in den verschiedensten milchsauren Lebensmitteln zu uns nehmen, liegt damit auf der Hand.

Grundsätzlich kann man bei der Genuß-Milchsäure sowohl rechtsdrehende als auch linksdrehende Arten feststellen. So ist z. B. die Sauermilch, die in ländlichen Gegenden auch heute noch Dickmilch genannt wird, eine Rechts-Milchsäure. Das gleiche gilt für Sanoghurt, während im Joghurt Rechts- und Links-Milchsäuren vorkommen.

Manchmal halten sich in einem Lebensmittel beide Arten der Milchsäure die Waage. Damit tritt ein Patt der unterschiedlichen Drehsinne ein. Sie neutralisieren sich, und die Milchsäure dreht weder nach rechts noch nach links. Racemat ist der Name für ein solches Gemisch verschiedener Milchsäuren, das seine optische Drehwirkung verloren hat.

Milchsäure ist nicht nur in Milchprodukten enthalten, sondern beispielsweise auch in den sogenannten milchsauren Gemüsen wie Gurken, Sauerkraut, Bohnen usw. Hier ist die Milchsäure entweder optisch neutral (Racemat) oder es überwiegt (meistens) die Rechts-Milchsäure[61].

Mit der menschlichen Gesundheit werden üblicherweise keine schlechten Geschäfte gemacht. Sie konnten in Kapitel 6 lesen, was nicht alles auf dem Sektor »Abschirmung«

Abb. 34: Sanoghurt mit Werbehinweis auf mindestens 90% rechtsdrehende Milchsäure.

vor Erdstrahlen angeboten wird, angefangen vom Feldveränderungsgerät bis hin zur mit Kupferdraht durchwirkten Bettdecke. Wer ist nicht bereit, sich seine Gesundheit etwas kosten zu lassen? So ist es nur natürlich, daß in Ernährungsfragen ein besonders ausgeprägtes Gesundheitsbewußtsein zutage tritt.

Nachdem man den gesundheitlichen Wert der rechtsdrehenden Milchsäure (RMS) erkannte, war die Ernährungsindustrie natürlich darauf bedacht, dem Verbraucher Produkte mit einem besonders hohen Anteil an rechtsdrehender Milchsäure anzubieten. Bei Milchprodukten wird deshalb mit dem hohen Anteil rechtsdrehender Milchsäure geworben. Ich schätze allerdings, daß vielen Verbrauchern der physiologische Hintergrund dieser Werbung nicht so recht bekannt ist.

Nach einem mir vorliegenden Gutachten der Universität München[66] wurde ein Milchsäuretest bei sechs Proben des Produkts Sanoghurt vorgenommen, die alle rund 0,95 % Milchsäure enthielten. Der Anteil der Rechts-Milchsäure hiervon betrug durchweg 96 %. Nur rund 4 % entfielen auf Links-Milchsäure.

15. WIE BAUE ICH EIN GESUNDES HAUS?

15.1 Der menschliche Lebensraum – zwischen den Strahlungsfeldern

Im alten Rom weidete man Kühe, wenn es galt, einen guten Baugrund zu finden. Wo sich Rinder als Strahlenflüchter wohlfühlten, konnte auch der Mensch wohnen.

Ganz sicher folgten die Römer dabei alten Überlieferungen und Instinkten. Es war ihnen nicht bewußt, daß der menschliche Lebensraum zwischen die Strahlungsfelder regelrecht eingebettet ist.

Aus dem Kosmos kommt nicht nur die Wärmestrahlung der Sonne, sondern auch elektromagnetische Mikrowellenstrahlung mit der unvorstellbar hohen Schwingungszahl von mehr als einer Milliarde Schwingungen in der Sekunde[67].

Wenden wir uns nach der kosmischen Strahlung nun der Strahlung aus der Erde zu, die ihren Ursprung in den Radionukliden, den strahlenden Zerfallselementen hat. Hier interessieren uns weniger die Alpha-, Beta- und Gammastrahlen – weil diese bei ihrem Auftreffen auf Gesteine sehr schnell ihre Wirkung verlieren –, sondern vielmehr die Neutronenstrahlen, weil aus ihnen die sogenannten Erdstrahlen als Mikrowellenstrahlung entstehen.

Man kann also mit Fug und Recht sagen, daß sich das menschliche Dasein unter »Strahlungsbeschuß« von oben und unten abspielt.

15.2 Bauplätze über Reizzonen – die schönste Aussicht entschädigt nicht.

Was würde ein wunderschöner Bauplatz mit See- oder Gebirgsblick dem Bauherrn bringen, wenn er von mehre-

ren Wasseradern-Kreuzungen durchzogen ist und die Bewohner des neuen Hauses Gefahr laufen, bald zu erkranken?

Es ist zwar nicht mehr Sitte, die Kühe auf dem Baugrund zu weiden, aber ein großes Nest der strahlensuchenden roten Waldameisen am warmen Südhang des Baugrundes sollte doch zu denken geben.

In solchen Fällen sollte man es wie im Allgäu halten, wo viele Bauern bei neuen Bauvorhaben einen Einsiedler zuziehen, der sich aufs Rutengehen versteht.

Wer es mehr mit den modernen technischen Meßmethoden des 20. Jahrhunderts hält, sei auf einen Vortrag von Professor K. E. Lotz, Biberach/Riß, verwiesen, den dieser 1978 an der Universität Eindhoven in den Niederlanden (Fachbereich Architektur) hielt[68].

Danach stehen für die Feststellung von Störzonen auf Bauplätzen die folgenden meßtechnischen Methoden der Geo- und Biophysik zur Verfügung:

a) Messung des Bodenwiderstandes oder Erdpotentials.
b) Feststellung der Infrarotstrahlungsintensität. Sie ist über unterirdischen Wasserläufen niedriger als über störungsfreiem Baugrund.
c) Messung der Mikrowellenstrahlung mit Mikrowellen-

detektoren, die anstelle der niedrigeren Infrarotstrahlung über Grundwasserströmen auftritt.

d) Messung der Neutronenstrahlung mit Szintillationszellen über Störzonen.
e) Ionenmessungen mit Ionometern.
f) Laienversuche mit tragbaren Fernsehgeräten und UKW-Rundfunkgeräten. Über Störzonen verschwindet das Fernsehbild bzw. tritt eine Ströung des UKW-Empfangs ein.

Wer sich für weitere Meßmethoden interessiert, kann in Kapitel 8 nachlesen. Solche Meßmethoden standen den Chinesen in vorchristlicher Zeit zwar nicht zur Verfügung, doch von Kaiser Yü, der um 2000 vor Christus lebte, ist überliefert, er habe das erste Buch über eine Wünschelrute geschrieben und auch verfügt, bevor ein Haus gebaut werde, müsse der Bauplatz mit der Wünschelrute untersucht werden.

Vielleicht wird unser Baurecht eines Tages – 4000 Jahre nach Yü – eine ähnliche Gesetzesbestimmung erhalten. In Kapitel 17.1 werden wir jedenfalls sehen, daß es auch schneller geht – zum Beispiel in Polen: Für das polnische Baurecht sollen radiästhetische Gutachten obligatorisch werden, wenn es sich um gesundheitsrelevante Gebäude (Krankenhäuser, Kinderkrippen usw.) handelt.

15.3 Auch Baustoffe können »strahlend« sein

Haben Sie es geschafft, einen Baugrund gänzlich ohne Reizzonen zu erwerben, oder hat Ihr Architekt die Raumaufteilung so vorgenommen, daß sich keine Schlafplätze oder Arbeitsplätze über pathogenen Wasseradernkreuzungen usw. befinden, so steht Ihnen schon die nächste Tücke ins noch zu bauende Haus.

Auch beim Baumaterial gibt es mehr oder minder strahlende Stoffe, denn es handelt sich schließlich um mineralische Werkstoffe, die entweder direkt aus der Erde kommen oder aber auch als Abfallprodukte von der Industrie weitergegeben werden.

Im Mauerwerk wird im allgemeinen eine geringe Konzentration radioaktiver Stoffe festgestellt. Anders sieht es bei Baustoffen aus Schlackensteinen und Chemiegips aus. Fliesen mit uranhaltiger Glasur, die besonders schön und kräftig in der Farbe sind, geben hohe Strahlendosen ab, die man sogar mit einem empfindlichen Film nachweisen kann, den man 20 bis 60 Stunden auf die Fliesen legt[69]. Dabei treten die Ornamente der Fliesen auf dem Film deutlich hervor.

Wenn schon alle Baumaterialien Beimengungen haben, die Strahlen aussenden, wie z. B. die Elemente Kalium, Thorium, Uran usw., so ist die Frage nach der Strahlendosis naheliegend. Sie wird in Gebäuden aus Natursteinen mit zusätzlich 20 bis 80 Millirem pro Jahr und bei Gebäuden aus Schlacken- oder Bimsstein mit 80 bis 170 Millirem angenommen[70]. Einzelheiten über die Strahlenbelastung des Menschen können Sie in Kapitel 10 nachlesen.

Wenn auch die Strahlenbelastung in Gebäuden durch die Radioaktivität der Baustoffe wesentlich höher als außerhalb der Gebäude sein kann, so sind dennoch im allgemeinen die Grenzen der zumutbaren Gesundheitsbelastung nicht erreicht. Wer besonders gesundheitsbewußt baut, wird Baustoffe mit hoher Strahlungsintensität meiden.

Es gab übrigens 1974 in der Bundesrepublik eine vom Bundesministerium des Innern veranlaßte Untersuchung über die Strahlenbelastung in Wohn- und Arbeitsräumen[71]. Sie brachte interessante Ergebnisse über die unterschiedliche Strahlenbelastung in den verschiedenen Bundesländern bzw. Landschaften. Die höchsten Mittelwerte der Dosisleistung wurden im Saarland und in Rheinland-Pfalz festgestellt, weil dort insbesondere Baustoffe aus Schlackensteinen und Bimssteinen verwendet werden. Wenn schon Baustoffe einerseits eine Eigenaktivität an Strahlung entwickeln, so muß andererseits auch gesehen werden, daß sie gegen die terrestrische Strahlung im Freien eine Abschirmwirkung entfalten.

Wenn es um Fragen der Gesundheit geht, kann großes öffentliches Interesse unterstellt werden. Das mußten auch die Redakteure der Bauzeitschrift *Wohne im eigenen Heim* erfahren, nachdem sie sich unter anderem mit der Strahlenintensität von Wandfliesen beschäftig hatten. Deutliche Stellungnahmen des Verbandes der Keramischen Fliesenindustrie und des Verbandes der Kunststoffindustrie flatterten auf den Schreibtisch, so daß sich die Redaktion des baubiologischen Themas erneut annehmen und folgende Klarstellungen bringen mußte[72]: Danach verwenden alle deutschen Herstellerwerke schon seit Jahren bei der Fliesenherstellung keine Glasuren und Farbkörper mehr, denen strahlende Uranverbindungen zugesetzt sind. Es sollen jedoch, einer Auskunft des Instituts für Strahlenhygiene des Bundesgesundheitsamts zufolge, in den letzten Jahren insbesondere in Süddeutschland noch italienische Fliesen mit Uranfarben verarbeitet worden sein. Diese uranhaltigen Farben sind nach der Deutschen Strahlenschutzverordnung grundsätzlich bei der Fliesenherstellung nicht verboten, wenn bestimmte Grenzwerte eingehalten werden. Die Importe müssen aber beim Grenzübertritt angemeldet werden, wo sie ab und an stichprobenweise untersucht werden.

Solche Untersuchungen hat auch die Bundesanstalt für Materialprüfung (12205 Berlin, Unter den Eichen 87) durchgeführt und nur selten strahlende Uranfarben festgestellt. Die Anstalt führt übrigens in Zweifelsfällen kostenlos Messungen durch, falls diese nicht größeren Aufwand erfordern. Allerdings können die Materialproben nicht zurückgesandt werden.

Von einer Wandfliese mit einer besonders hohen Strahlenemission machten die Berliner Prüfer eine Röntgenfilmaufnahme, die deutlich die strahlenden Konturen der uranhaltigen Fliese erkennen läßt. Es wurde für ein gekacheltes Bad mit solch »strahlenden« Fliesen eine Beta-

Strahlung von maximal 500 Millirem jährlich errechnet, die keine gesundheitliche Gefährdung erwarten läßt.

15.4 Die Hochhauskrankheit – ein Defizit an kosmischer und ein Übersoll an technischer Streustrahlung

Der menschliche Lebensraum ist eingebettet in einen Bereich, der gleichermaßen von elektromagnetischer Mikrowellenstrahlung aus dem All (kosmischer Strahlung) als auch von Strahlung aus der Erdkruste (terrestrischer Strahlung) beeinflußt wird.

Darauf hat sich der menschliche Organismus eingestellt, sein Drüsensystem eingependelt. Er fühlt sich wohl und bleibt gesund trotz dieser andauernden Strahlenexposition, vorausgesetzt keine krank machenden Erdstrahlen (veränderte Neutronenstrahlung) treten hinzu.

Wie aber ist die Situation in einem Hochhaus, wo der Aufenthalt bekanntlich von vielen Menschen als unangenehm und krank machend empfunden wird?

Wir haben gesehen, daß die Baustoffe nicht nur eine eigene Strahlung haben, sondern auch die Außenstrahlung, mit der der menschliche Organismus zu leben gelernt hat, abschirmen. Das für die Gesundheit wichtige elektrische Feld der Natur ist also nur noch zum Teil oder überhaupt nicht mehr vorhanden, wie beispielsweise auch in unterirdischen Bergwerken oder in U-Booten.

Wen wundert es, daß der Organismus bei für ihn ungewohnten biologischen Verhältnissen mit Erschlaffung und Ausfallerscheinungen reagiert? Er hat es schießlich in jahrtausendelanger Entwicklungsgeschichte gelernt, mit der Umgebungsstrahlung zu leben, ja, er ist darauf in seinen ganzen Funktionen geradezu eingestellt. Im Hochhaus aber fehlt die gewohnte Umgebungsstrahlung. Das irritiert den Organismus. Er reagiert mit Unbehagen.

Die Amerikaner nannten die Hochhauskrankheit auch »Sekretärinnenkrankheit«, weil in erster Linie Sekretärinnen in jenem »Faradayschen Käfig« eingesperrt sind, in dem weder ein Blitz einschlagen noch die natürliche Umgebungsstrahlung im gewohnten Maße eindringen kann.

Von Stockwerk zu Stockwerk wird mehr Umgebungsstrahlung abgeschirmt, und die Krankheiten nehmen zum Top hin zu. Das ist statistisch erwiesen. So gesehen sind die Top-Manager ganz oben im Wolkenkratzer, von wo sie ihr Imperium regieren, am meisten gesundheitlich gefährdet.

Ein weiteres kommt hinzu. Es ist die elektromagnetische Streustrahlung. Hochhäuser haben manchmal ihre eigenen Trafostationen zur Befriedigung des immensen Energiebedarfes für Aufzüge, Heizungs- und Klimaanlagen, Beleuchtungseinrichtungen und Büromaschinen. Bei einer solchen Zusammenballung von technischen Feldern des elektrischen Energiebedarfs gibt es auch eine Menge »Abfallprodukte«, die als elektromagnetische Streustrahlung zusätzlich für einen unnatürlichen biologischen Zustand sorgen.

Was aber ist mit den krank machenden Erdstrahlen im Hochhaus? Verlieren sie etwa ihre Wirkung in den unteren Stockwerken und verschonen »die da ganz oben«, wenn der Hauskoloß zufällig auf einer Wasseradernkreuzung errichtet wurde? Radiästheten sind gegenteiliger Meinung. Sie vermuten, daß sich die Erdstrahlung von Stockwerk zu Stockwerk geradezu verstärkt. Auch so gesehen sind »die ganz oben« im Nachteil gegenüber denen »ganz unten«.

16. MYSTERIÖSE VERKEHRSUNFÄLLE – ERDSTRAHLEN ALS URSACHE FÜR TODESFALLEN?

16.1 Ungewollter Wünschelruteneffekt bei sensitiven Autofahrern?

Sie haben sicher schon gelesen, daß sich an bestimmten Stellen scheinbar ungefährlicher, manchmal sogar kerzengerader Straßen gehäuft Unfälle ereignen. Eigentlich gibt es keinen plausiblen Grund für die Unfallträchtigkeit, und so stehen Polizei und Verkehrsexperten immer wieder vor einem Rätsel.

»Als ob eine Eisenstange zuschlägt«, ist ein Bericht[73] überschrieben, in dem ein Verunglückter einen Unfalleindruck schildert. Er habe das Gefühl gehabt, ein starker Stromschlag habe seinen Körper durchzuckt, dann habe er die Gewalt über das Steuer verloren, und schließlich sei er auf der Gegenfahrbahn gegen einen Baum geprallt. Der Unfall ereignete sich auf einer kerzengeraden Landstraße bei Harmstorf (Kreis Winsen), die schon für mehrere Autofahrer aus ungeklärten Gründen zur Todesfalle geworden war.

Wünschelrutengänger fanden später die wahrscheinliche Ursache der mysteriösen Unfälle. Sie entdeckten bei Kilometerstein 6,3 eine unterirdische Kreuzung zweier Wasseradern. Erdstrahlen als Unfallursache? Zunächst Skepsis bei den Behörden, dann aber der Entschluß, die Bäume an besagter Stelle zu fällen und die Geschwindigkeit zu begrenzen.

Ein Fragezeichen noch, ob auch bei Deutschlands »Autofahrerschröpfstelle Nummer eins«, dem Elzer Berg bei Limburg, Reizzonen eine Rolle spielen könnten. Der Vorsitzende des ADAC, Gau Mittelrhein, argumentiert, die gut ausgebaute Autobahnstrecke lasse jede Geschwindigkeit zu. Der hessische Innenminister hält dagegen. Er verteidigt die Geschwindigkeitsbeschränkung und Überwachung durch eine fest installierte Radaranlage: Früher sechs bis acht Todesfälle jährlich an der Gefällstrecke. Nach Einführung von Tempo 100 für Pkw und Tempo 40 für Lkw und Radarüberwachung habe die Todesstrecke ihren Schrecken verloren. Kein einziger tödlicher Unfall in drei Jahren. Als es sich aber herumgesprochen habe, daß ein unbekannter Gewehrschütze (ein ertappter Temposünder??) die Anlage zerschossen und vorübergehend außer Betrieb gesetzt habe, seien in kurzer Folge wieder vier Unfälle mit Schwerverletzten passiert.

Wenn der ADAC-Vorsitzende recht hat, der Ausbau der Strecke also vorzüglich ist, könnte es auch andere Ursachen für die Unfallhäufung bei höherer Geschwindigkeit geben. Rutengänger vermuten auch hier Reizzonen. Aber das ist vorerst noch Spekulation

Tatsache ist jedenfalls, daß das holländische Verkehrsministerium eine übersichtliche Kreuzung mit zahlreichen Unfällen von Rutengängern untersuchen ließ. Ergebnis: Erdstrahlen.

Die Autobahn Frankfurt–Mannheim hatte innerhalb von vier Jahren auf einem Streckenabschnitt von nur zehn Kilometern (Kilometer 510–520) 697 Unfälle. Wegen dieser Massierung gab es auf Anregung des hessischen Ministers für Wirtschaft und Verkehr eine verkehrswissenschaftliche Untersuchung. Viele Unfälle waren durch Abkommen von der Fahrbahn und Schleudern verursacht, also durch Vorgänge, die beim Verreißen des Steuers eintreten können. Es ist nicht bekanntgeworden, ob bei der Untersuchung auch möglichen terrestrischen Einflüssen nachgegangen wurde.

Gibt es nicht doch eine Erklärung für die mysteriösen Unfälle? Sie haben gelesen, daß manche Rutengänger überhaupt keine Wünschelrute benötigen. Sie sind ausgesprochen sensitiv. Schon bei bloß ausgestreckten Armen verspüren sie über Reizzonen eine Reaktion.

Wie viele Hunderttausende Autofahrer sind täglich auf

unseren Straßen unterwegs? Und die zweite Frage: Wie viele davon könnten die Begabung eines Rutengängers haben, ohne es zu wissen? Könnte da nicht das umklammerte Lenkrad wie eine Wünschelrute wirken? Fährt der Fahrer über eine Wasseradern-Kreuzung, »verreißt« es ihm das Steuer. Es passiert das, was für einen Schleudervorgang oder unmotivierten Fahrbahnwechsel oft ursächlich ist.

Noch eines kommt dazu: Wahrscheinlich sind Teile unserer Straßen so weitergeführt worden, wie sie ursprünglich vorgefunden wurden, nämlich als Trampelpfade im germansichen Urwald, die wegen Untergrund-Reizzonen spärlich bewachsen waren (vgl. auch Kapitel 13).

16.2 Ausfall des »Schreckhormons« Adrenalin – eine andere These für unerklärbare Unfälle

In einer Dokumentation[74] wurden zwölf Jahre lang mehr als tausend Autounfälle statistisch untersucht. Sie widerspricht der in den USA aufgestellten These, es handele sich bei Frontalzusammenstößen überwiegend um Selbstmordfälle.

Vielmehr wird anhand einer bebilderten Auswahl typischer Fälle aus den zahlreichen untersuchten Frontalzusammenstößen gefolgert, es handele sich um »scheinbar unerklärliches menschliches Versagen«.

Die Verunglückten sind bei Frontalzusammenstößen meist tot, so daß für die Dokumentation nur wenige Aussagen der Unfallopfer gewonnen werden konnten. Bemerkenswert war aber, daß kaum Bremsspuren gefunden wurden. Die Fahrer schienen mit einem regelrechten »black out« auf entgegenkommende Fahrzeuge gerast zu sein. Das »unerklärliche menschliche Versagen« stellte sich jedoch bald als örtlich bedingte geophysikalische Störung durch Reizzonen heraus.

Wie erklärt nun die Dokumentation die Auswirkungen der geophysikalischen Störungen auf den menschlichen

Körper? Die Verfasser ziehen einen Steuerungsausfall des vegetativen Systems und des Nervensystems bei den Unglücksfahrern in Betracht, das bis zur Bewußtlosigkeit führen kann, berichteten doch die wenigen Überlebenden von plötzlichem Unwohlsein, Schwarzwerden vor den Augen und Erinnerungsausfall.

Das Bewußtsein im Nervensystem – so die Verfasser – könne ausfallen, wenn das »Schreckhormon« Adrenalin nicht genügend vorrätig sei und nicht ausreichend und schnell genug produziert werden könne. Durch wiederholte unterirdische Wasseradern werde das endokrine d. h. Drüsen-System mehrfach gestört. Ein Ausgleich durch Hormonausschüttung sei nicht gegeben. Insbesondere fehle es am »Schreckhormon« Adrenalin, und dies könne letztlich zur Bewußtlosigkeit führen.

Für bemerkenswert und typisch für Frontalzusammenstöße wird gehalten, daß die Unglücksfahrer nicht nur eine, sondern mehrere Reizzonen im Abstand von 50 bis 70 Metern überfahren hatten. Beim Passieren der ersten Reizzone werde der Adrenalinvorrat aufgebraucht und könne bis zur nächsten Störstelle noch nicht wieder erneuert werden.

Nun bleibt noch die Frage, warum ein Unglücksfahrer mit »black out« ausgerechnet frontal auf ein entgegenkommendes Fahrzeug auffährt und nicht in genauso vielen Fällen beispielsweise nach rechts von der Straße abkommt. Als Erklärung hierfür wird Erfüllungszwang angegeben.

Die Lokalisierung von Reizzonen unter Straßenführungen mit elektronischen Meßgeräten gilt als problemlos. Professor Lotz, Biberach/Riß, einer der beiden Verfasser der Dokumentation[74], schrieb mir, er untersuche Erdmagnetfeldanomalien mit einem Geomagnetometer und angeschlossenem Schreibcomputer und habe »beste Erfahrungen bei der objektiven Feststellung von Bodenstörzonen«. Nach Mitteilung des Gemeinnützigen Vereins »Fortschritt für alle«, Schloßweg 2, 90537 Feucht, kostete eine Untersuchung 1986 100,– DM.

Kann die Technik auch etwas gegen die Todesfallen auf unseren Straßen ausrichten? Auch hier ist, ähnlich wie bei den Krebshäusern (vgl. Kapitel 6), eine Entstörung (Feldverlagerung) möglich. Es wird ein sogenannter Interferenz-Sender verwendet, der im gleichen Schwingungsbereich wie die Erdstrahlen, allerdings um 90 Grad verschoben, Schwingungen ausstrahlt und hierdurch eine Neutralisierung herbeiführt.

Professor Lotz berichtete anläßlich eines Vortrags bei der »Vereinigung der Straßenbau- und Verkehrsingenieure in Baden-Württemberg e. V.« in Böblingen (1979)[74] von einer besonders gefährdeten Straßenführung. Hier hatten sich in einem Zeitraum von nur zwei Jahren 32! Unfälle ereignet. Nachdem man einen Interferenz-Sender angebracht hatte, gab es in einem ganzen Jahr nur noch einen einzigen Unfall.

17. GEHEIMNISSE UM ALTE KIRCHEN UND KULTSTÄTTEN

17.1 Kirchenaltäre auf Wasseradernkreuzungen

Die Insel Hvar, eine der schönsten Inseln Kroatiens, erreichen Sie nach einstündiger Fahrt mit einem modernen Tragflügelboot, das Sie in Split besteigen.

Starigrad ist die älteste Stadt der fruchtbaren Insel. Der Name bedeutet »alte Stadt«. Andere Hafenstädte sind Jelsa und Hvar, das der Insel auch ihren Namen gab.

Der Diplom-Physiker R. Schneider[75] untersuchte mit einer Studiengruppe alte Kirchen in den genannten Städten (ferner in Trogir, Vrboska und Vrban), um die These zu verfolgen, daß Altäre der vor Jahrhunderten erbauten Kirchen oft von den Baumeistern nach geheimnisvollen Gesichtspunkten geplant wurden. Sie sollen so errichtet worden sein, daß der Platz des Priesters vor dem Altar und Seitenaltar sich genau über einer Mehrfachkreuzung von Wasseradern befand. Auch Kanzeln waren oberhalb von Wasserkreuzungen angebracht. Die Studiengruppe fand in den alten Kirchen der genannten jugoslawischen Städte diese These bestätigt und informierte die verblüfften Geistlichen. Dabei fand sie in dem Prior des Dominikanerklosters in Starigrad einen Priester, der sich auf das Rutengehen verstand und die Untersuchungen der Gruppe sofort nachvollziehen konnte.

Warum Altäre und Kanzeln über Mehrfachkreuzungen? Wollten die Baumeister die Kirchendiener umbringen? Doch wohl kaum. Selbst Mehrfachkreuzungen müssen nicht unbedingt pathogen sein, denn hierfür wäre eine linkszirkulare Polarisation Voraussetzung. Im übrigen befanden sich die Geistlichen schließlich nur zeitweise bei der Ausübung ihres Dienstes über solchen Kreuzungen, von denen kurzfristig auch eine positive anregende Wirkung ausgehen kann.

Es spricht einiges dafür, daß man bewußt solche »Orte der Kraft«, wie sie auch genannt wurden, suchte und dann die Kirche regelrecht drumherum baute. Wie diese Orte gefunden wurden, ist nicht überliefert. Es kann mit der Wünschelrute oder intuitiv geschehen sein. Vielleicht hat man auch von dem Verhalten der Tiere Schlüsse abgeleitet, weil es bekanntlich bei den Tieren Strahlenflüchter und Strahlenfreunde gibt.

Jedenfalls versprach man sich aufgrund der besonderen Strahlungsverhältnisse vor Altären eine positive Kraft, die den Geistlichen seelisch-dynamisch anregen und ihn auf kreative Gedanken bringen sollte.

Verschiedentlich habe ich auch gelesen, die Aussendung positiver Energien sei Doppelkreuzungen des Diagonalnetzes und Globalgitternetzes zuzuschreiben, und zwar den positiven Kreuzungen, die sich auf die menschliche Aura aufladend, also vergrößernd, auswirken würden.

Auf diesem Grenzgebiet ist noch vieles, so gut wie alles, ungeklärt. Wissenschaftler, die den schmalen Grat allzu unvoreingenommen besteigen, laufen Gefahr, in den Abgrund der Unglaubwürdigkeit abzustürzen.

Da tut sich der Unbefangene schon leichter, dessen geschriebenes Wort nicht auf die Goldwaage gelegt wird.

Was für ein Gedankenspiel: Die positiven Streifen der Gitternetze vergrößern die Aura, also auch die geistige Kapazität und die dynamische Ausdruckskraft. Negative Streifen dagegen wirken genau umgekehrt. Stellt man einen Redner also auf die Negativ-Kreuzung, so wird es ihm wohl bald an Beredsamkeit gebrechen. Welch verlokkende Aussichten für Parteien und Veranstalter von Diskussionsrunden!

Doch zurück zu den »Orten der Kraft«. Es gibt sogar schon eine wissenschaftliche Dissertation von Jörg Purner[76] zu diesem Phänomen. Er untersuchte rund 90 Kirchen und 30 Kultstätten in Italien, Frankreich, Irland und der Bundesrepublik. Sein Ergebnis: Nicht nur Kirchen und historische Kultstätten, sondern schon prähistorische Kultstätten sind auf Plätzen errichtet, von denen eine besondere Bodenstrahlung ausgeht. Dr. Purner hat als stärkst bestrahlte Orte Europas die Felsgrotten bei Würenlos/Zürich, bei Lourdes und die Kathedrale von Chartres in Frankreich ausgemacht.

Beim Stichwort »Lourdes« werde ich unwillkürlich daran erinnert, irgendwann gelesen zu haben, daß Wissenschaftler das Quellwasser untersucht, aber nie Keime festgestellt hätten, obgleich durch das Eintauchen von Kranken mit geradezu starker Verunreinigung gerechnet werden muß. Könnte die von Purner festgestellte besonders intensive Strahlung der Grund für die Sterilisation des Wassers sein?

Im Sommer 1984 untersuchte der polnische Radiästhet Leszek Matela mit einer Gruppe von Radiästheten alte romanische Kirchen in Polen. Ziel der ersten Untersuchung war der romanische Dom der Weichselstadt Plock, die ihren Ursprung bis ins zehnte Jahrhundert zurückverfolgen kann. Der dreischiffige Dom ist nach Art eines lateinischen Kreuzes gebaut.

Die polnischen Rutengängr stellten unter dem Presbyterium drei Wasseradern mit negativ zirkularer Polarisation fest. Allerdings war die negative Strahlung durch das

Grundgemäuer (Fußboden und Grundmauer) aufgehoben. Eine »Entstörung« mit den Mitteln der damaligen Zeit?

Der polnische Radiästhet verweist nicht nur auf die Gesteine, sondern auch auf den Mörtel aus Flußsandkalk und tierischem Eiweiß, der »entstrahlend« wirken könnte.

Es wurde zwar schon erwähnt, daß tierische Produkte eine Abschirmung bewirken können. Hier müssen aber doch sehr starke Zweifel einsetzen, weil Eiweiß im Mörtel nicht luftdicht abgeschlossen ist und – Bindewirkung hin, Bindewirkung her – dem Verwesungsprozeß anheimfällt.

Es ist zu vieles obskur und spekulativ auf dem dunklen Gelände der Radiästhesie, in das das helle Licht der Wissenschaft bisher erst in Anfängen hineinscheint.

So wird von der 550 vor Christus gegründeten polnischen Wehrburg Piskupin berichtet, es habe sich unter dem Fußboden eine Lehmschicht und Birkenäste befunden. Außerdem habe man vor Baubeginn ein Tieropfer, das sog. Gründungsopfer, gebracht und das tierische Eiweiß den Baumaterialien zugefügt. Nun setzt wieder die spekulative Vermutung ein, das tierische Eiweiß aus dem Gründungsopfer und die genannten Baumaterialien hätten die Siedlung vor schädlichen Erdstrahlen abgeschirmt.

Realitätsbezogener erscheint mir da schon der Hinweis auf ein neues polnisches Baurecht, für das radiästhetische Gutachten verbindlich werden sollen, wenn es sich um besonders gesundheitsrelevante Bauvorhaben wie Krankenhäuser, Kinderkrippen und Kindergärten, aber auch neue Wohnviertel mit geschlossener Bauweise handelt.

Kultstätten wurden jedoch nicht nur auf unterirdischen Wasseradern und geomantischen Zonen errichtet. Oft befinden sich in der Nähe auch Brunnen, deren Wasser rechtsdrehend ist und als »Heiliges Wasser« bezeichnet wird, wie zum Beispiel bei der Wallfahrtskirche Altötting in Bayern, der Kathedrale von Chartres und der Wallfahrtskirche Liebfrauenbrunn bei Werbach[75].

17.2 Unverwesliche Leichen ohne Einbalsamierung

Die Form der Pyramiden hat von jeher die Menschheit fasziniert. Nicht nur wegen ihrer Größe gehörten sie zu den Sieben Weltwundern des Altertums. Auch ihre Form ist für die Radiästheten faszinierend, weil pyramidenförmige Körper breite Frequenzbänder von Strahlen aussenden und deshalb geeignet sind, Reizzonen zu kompensieren oder abzuschwächen[76].

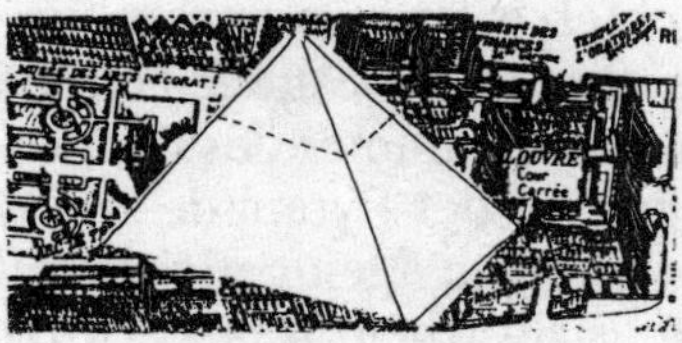

Wenn eine Pyramide als »Feldveränderer« in Frage kommt, muß sie zwangsläufig selbst Wellenlängen ausstrahlen, weil sonst die Möglichkeit der Kompensation vergleichbarer Wellenlängen entfiele.

Die Pyramide als Entstörungsgerät – das ist erst eine Seite des Geheimnisses jenes Weltwunders, mit dem die Menschheit von jeher die Mathematik, die Geometrie und die Astronomie in Verbindung gebracht hat.

Nachdem mir ein Wünschelrutengänger von einem Versuch mit einer ungefähr einen Meter hohen Pyramidennachbildung erzählte, fragte ich mich voller Zweifel, ob nicht irgendwie auch die Gesetze der Chemie und Biologie mit der Pyramidenform zu tun haben.

Der Rutengänger erzählte mir ohne Augenzwinkern, er habe ein Stück Fleisch an mehreren heißen Sommertagen unter einer simplen Pyramide aus Drahtgestell so konserviert, daß es nicht der Verwesung anheimgefallen sei. Ein wenige Meter daneben auf gleicher Höhe ausgelegtes Stück Fleisch ohne Pyramidenabschirmung habe dagegen am zweiten Tag schon deutliche Merkmale der Verwesung gezeigt. Während der Nacht habe er beide Fleischstücke wegen Nachbars Katze in häusliche Verwahrung genommen und sie morgens jeweils wieder hinausgebracht. Nun sei das »Pyramiden-Fleischstück« so mumifiziert, daß es schon monatelang im Küchenschrank herumliege, und dies ohne die geringste Geruchsbelästigung.

Spätestens nachdem ich von einer tschechischen Forschergruppe las, die PSI-Phänomenen nachspürt, habe ich mir vorgenommen, den schier unglaublichen Versuch mit dem Fleisch und der Pyramide nachzuvollziehen. Die Tschechen berichteten[77], einst habe ein Franzose die Große Pyramide von Gizeh bestiegen und sei schließlich in den Eingang der »Grabkammer des Pharao« gelangt. Dort entdeckte er im Innern der Pyramide Abfallkübel, die unter anderem Kadaver von Kleingetier und Katzen enthielten, die sich offensichtlich in den verwirrenden Gängen der Pyramiden verlaufen hatten und verhungert waren. Alle Kadaver waren mumifiziert und geruchsneutral. So kam dem Franzosen bald die Idee, daß vielleicht die Pyramide irgendeine Art gigantische Linse ist, die geheimnisvolle Strahlen oder irgendeine Kraft so in das Innere der Pyramide zentriert, daß die Leichen der Pharaonen nicht verwesen konnten, selbst wenn sie nicht einbalsamiert worden wären.

Wieder zu Hause, baute der Franzose selbst eine Mini-Pyramide mit einer Kantenlänge von einem Meter und legte eine tote Katze hinein. Auch sie war nach einiger Zeit mumifiziert. Offensichtlich hat eine Energieform im Inneren der Pyramide die Fähigkeit, Wasser zu entziehen (Dehydrierung) und so die Verwesung zu stoppen.

Welche Energie sammelt nun die Pyramide? Es ist bis heute ein Geheimnis geblieben. Kein Geheimnis ist dagegen das Patent Nummer 91304 des Patentamts der Tschechoslowakischen Republik im Jahr 1959. Sie werden staunen, daß es für einen »Pyramiden-Rasierklingenschärfer« ausgestellt ist. Eine Spinnerei?

Für so etwas hätte sich eine staatliche Stelle wohl nicht

hergegeben, als sie dem Ingenieur und Pianisten Karel Drbal das genannte Patent erteilte. Besagter Ingenieur hatte herausgefunden, daß sich die kristalline Struktur der Schnittkante einer Rasierklinge zwar beim Verbrauch deformiert, sich dann aber – eben wegen der lebendigen »kristallinen Beschaffenheit« – zur ursprünglichen Schärfe erneuern kann. Scheinbar befindet sich nun im Inneren eines pyramidenförmigen Behälters eine Kraft, die der Kristallstruktur schneller wieder zur ursprünglichen (scharfen) Form verhilft. Es ist überliefert, auch der Chefingenieur des Patentamtes habe nach anfänglichen Zweifeln selbst eine maßstabsgerechte Mini-Pyramide konstruiert und so die abstruse Behauptung überprüft, daß Kristalle sich in einem pyramidenförmigen Behälter früher zu ihrer ursprünglichen Form regenerieren. Ergo habe dem Patent Nummer 91304 nichts mehr im Wege gestanden.

Nachdem ich das alles gelesen hatte, waren meine Zweifel gegenüber dem Rutengänger mit seiner fleischkonservierenden Pyramide nicht mehr ganz so groß.

Es hat inzwischen auch andere Versuche gegeben[78], die die mumifizierende Wirkung der Pyramide beweisen könnten. Danach verlor ein Hühnerei mit Schale mit einem Anfangsgewicht von 52 Gramm nach 43 Tagen in der Pyramide 17 Gramm Gewicht, was einer Dehydration von 66 % entspricht. Beim leicht verweslichen Fleisch vom Hirn (hier Schafhirn) reduzierte sich das Gewicht von 93 Gramm in 49 Tagen, was einer Dehydration von sogar 75 % entspricht.

Bliebe noch zu sagen, daß die Kairoer Universität einen 1968 begonnenen Versuch mit Millionenaufwand, die Chephren-Pyramide zu röntgen und die Ergebnisse mit einem IBM-Computer auszuwerten, 1969 wegen Erfolglosigkeit abbrechen mußte.

»Was im Innern der Pyramide geschehe«, so Dr. Gohed, der Projektleiter, »widerspreche allen bekannten Gesetzen der Wissenschaft und Elektronik.«

Es ist nicht auszuschließen, daß eine sehr starke Konzentration von Erdstrahlen für die dehydrierende, verwesungshemmende Wirkung verantwortlich ist. Schon Freiherr von Pohl[79] hat die Feststellung gemacht, daß Leichen, die in Bereichen mit sehr starker Erdstrahlung beigesetzt werden, nicht verwesen, sondern mumifizieren.

Er schildert seine Untersuchungen in der Gruft der uralten Burg Sommersdorf in Franken, die auf einer breiten trockenen Erdspalte errichtet ist. Die Burg gehörte damals dem Freiherrn von Crailsheim. In der Gruft fand von Pohl in den Särgen mit abnehmbaren Deckeln die Mumien der Verstorbenen »nur wenig und hellbraun ausgedörrt, unbekleidet«. Sie seien bei einem Franzoseneinbruch Anfang des 19. Jahrhunderts ihrer Kleider und kostbaren Schmucksachen beraubt worden. Nur ein im Dreißigjährigen Krieg bei den Schweden dienender Oberst aus Sommersdorf trage noch seine Reiterstiefel. Der Gesichtsausdruck der Bestatteten sei friedlich, wenn man einmal von einer weiblichen Mumie absehe, deren Hände bis in Sargdeckelhöhe nach oben verkrampft seien. Aus dem linken Mundwinkel des verzerrten Gesichts luge die Zunge heraus, und man habe sie »die Scheintote« genannt.

Von Pohl fand im Vorraum der Gruft eine größere Zahl ebenfalls mumifizierter Eidechsen und Frösche.

Eine richtige Gruselgeschichte, die der Freiherr da preisgibt. Und er erzählt auch von der in Amsterdam mit besonderer Erlaubnis zu besichtigenden Mumie des berühmten niederländischen Admirals de Ruyter: Der Leichnam sei ohne Einbalsamierung mumifiziert, weil der Sarg auf einer sehr stark bestrahlten Stelle stehe. Auch im Bremer Dom befänden sich Mumien, und der Bremer Arzt Dr. Sander habe mit der Wünschelrute als Ursache einen breiten Untergrundstrom ausgemacht. Alle neben diesem Strom beigesetzten Leichen seien verwest.

Schließlich verweist von Pohl noch auf die alte chinesische Sitte, die Toten nicht auf geschlossenen Friedhöfen, sondern verstreut in einzelnen Gräbern beizusetzen, die sie vorher von »Erdwahrsagern« auf böse Dämonen untersuchen ließen. Von Pohl meint, in Wirklichkeit seien Erdstrahlen gemutet worden, weil die Toten nach chinesischer Auffassung an »bestrahlten« Plätzen in ihrer Totenruhe gestört worden seien.

Die mumifizierende Wirkung von Erdstrahlen scheint nicht nur in der ägyptischen Hochkultur, sondern auch schon in der germanischen Frühgeschichte bekannt gewesen zu sein. So wurde ein gut erhaltenes Keltendorf aus dem vierten Jahrhundert vor Christus in der Nähe von Hochdorf bei Stuttgart entdeckt, von dem man annimmt, daß es bewußt auf rechtszirkular polarisierten Zonen angelegt ist, um eine Mumifizierung der Leichen sicherzustellen.

17.3 Die unverrückbaren Grenzen der römischen Landmesser

Außer den Gittersystemen, die sich global über die Erdoberfläche erstrecken (vgl. Kapitel 9.1), scheint es lokale Gittersysteme zu geben[80].

So haben Radiästheten an den Grenzbauwerken der Römer besonders breite und meist rechtszirkular polarisierte Zonen entdeckt. Auch die Baumeister der Kelten und der Etrusker haben wahrscheinlich schon solche geomantische Zonen gekannt.

Wenn aber im Altertum Grenzen entsprechend bestimmter geomantischer Zonen festgelegt und abgesteckt wurden, so waren sie jederzeit durch Rutengänger oder auf andere Weise sensitiv begabte Priester und Landmesser nachprüfbar. Kein besitzgieriger Nachbar konnte solche Grenzzeichen entfernen.

So gab es im Jahr 340 nach Christus eine Gebrauchsanleitung für die römischen Agrimensoren (Feldmesser), nach der sie unter Beachtung geomantischer Zonen Siedlungen zu bauen hatten[81].

Der römische Grenzwall Limes verläuft oft kilometerweit in gerader Richtung und biegt dann ab. Man nimmt an, daß er entlang einer rechtsdrehenden geomantischen Zone errichtet ist.

18. 10000 DOLLAR FÜR NACHWEIS VON FLIESSENDEM WASSER – EIN AMERIKANISCHER ZAUBERKÜNSTLER WILL ES GENAU WISSEN

Der amerikanische Zauberkünstler James Randy hat sich den Kampf gegen Aberglauben und Parapsychologie aufs Panier geschrieben.

Deshalb setzte er eine Prämie von 10000 Dollar für denjenigen aus, der mit seiner Wünschelrute fließendes Wasser in einer Anzahl von Fällen orten kann, die deutlich über dem Bereich der Zufallstreffer liegen.

Er hatte bereits in Australien und Kanada je zwei Versuche, in den USA mindestens 12 bis 15 Versuche und auch Experimente in England durchführen lassen. Keinem Rutengänger war es bisher gelungen, ihm die ausgelobten 10000 Dollar abzunehmen.

Würde sich dies in Deutschland ändern?

18.1 Bagger auf dem Studiogelände

Die Versuche in Deutschland wurden von der Gesellschaft zur wissenschaftlichen Erforschung von Parawissenschaften (GWUP) organisiert.

Das HR-Fernsehen stellte eine leicht abschüssige Wiese auf dem Studiogelände in Kassel zur Verfügung und dokumentierte den Versuchsablauf mit Fernsehkameras.

Zunächst wühlte ein Bagger einen im Rechteck verlaufenden 40 Zentimeter tiefen Graben in die Studiowiese. Darin wurden sodann 40 Meter Plastikrohr verlegt. Zwei Wasserbehälter, einer oberhalb und der andere etwas tiefer angelegt, sorgten dafür, daß 1500 Kubikmeter Wasser von dem oberen in den unteren Tank laufen konnten.

Es gab eine Teststrecke und eine Nebenstrecke. Über der Teststrecke war ein Zelt errichtet. In diesem Zelt sollte der Versuch stattfinden. Würden die Rutengänger deutlich über 50 Prozent erkennen können, ob Wasser durch die Zeltstrecke lief oder ob die Nebenstrecke gerade unter Wasser gesetzt war?

Da es sich um eine künstliche Leitung aus Plastik handelte, wurde jeder Rutler vorher gefragt, ob ihn dies stören würde. Keiner der Beteiligten nahm Anstoß an diesem Umstand, der sich deutlich von den natürlichen Gegebenheiten unterscheidet.

Auch war den Rutengängern Gelegenheit gegeben, vorher das Zeltgelände nach natürlichen Störungsquellen, wie Wasserläufen und Verwerfungen im Erdreich, abzusuchen. Ihre Angaben wurden zu Protokoll genommen.

Ein letztes Hilfsmittel: Jeder hatte Gelegenheit, die Teststrecke einmal mit seiner Wünschelrute abzuschreiten, wenn der Wasserlauf eingeschaltet war. Auch wurde ihnen dies im Vorversuch bekanntgegeben.

Bemerkenswert: Schon bei den Voruntersuchungen über natürliche Störzonen hatten die Rutengänger total unterschiedliche Ergebnisse.

18.2 Drei Tage lang Konzentration

Die Einladung zu der Veranstaltung war öffentlich. Pro Tag hatten sieben Rutengänger Gelegenheit, ihr Können unter Beweis zu stellen. Die 1990 durchgeführte Veranstaltung, zu der sich auch Rutler aus Frankreich, Österreich und Italien eingefunden hatten, dauerte drei Tage.

Die Versuche fanden im doppelten Blindversuch statt. Zwei Mitglieder der GWUP befanden sich in einem gegenüber dem Festzelt abgeschirmten Häuschen, wo sie das Hauptventil und die Richtungsventile bedienten. Die Wasserrichtung wurde nach dem Zufallsprinzip ausgewählt und die Auswahl jeweils durch eine Videokamera protokolliert.

Niemand im Versuchszelt wußte, ob Wasser gerade

durch die rotweiß markierte Hauptstrecke im Zelt oder aber durch die Nebenstrecke außerhalb lief.

Andererseits war der Bedienungsmannschaft im abgelegenen Häuschen auch nicht bekannt, ob und wann ein Rutengänger einen Ausschlag hatte.

Erst abends wurden die Ergebnisse verglichen, nachdem jeder Rutengänger insgesamt dreißigmal Mutungen vorgenommen hatte. Die 10000 Dollar hätten ihm jedoch erst gehört, wenn er nach erfolgreichem ersten Durchgang in einer Wiederholung seine weit über der Zufallsauswahl liegende Begabung hätte erneut demonstrieren können.

Die GWUP verlangte eine Trefferquote von 83 Prozent, die Voraussetzung für die Belohnung von 10000 Dollar war.

18.3 »Wir brauchen unser Geld nicht auszugeben«

Erst abends wurden die Protokolle der beiden Tester im Ventilhäuschen mit den von Wissenschaftlern protokollierten Ergebnissen der Rutengänger im Versuchszelt verglichen.

Exakt in 52,3 Prozent der Mutungen war ein zutreffendes Ergebnis erzielt worden. Diese Trefferquote lag deutlich unter den geforderten 83 Prozent und noch im Bereich der Wahrscheinlichkeit, die wohl auch ein Nicht-Rutengänger erreicht hätte.

So konnte Mr. Randy süffisant feststellen, daß die Gesetze des Zufalls wieder einmal bestätigt worden seien.

Die enttäuschten Rutengänger suchten nach Erklärungen, die durchweg darauf hinausliefen, das Testgebiet sei kein störungsfreies Gebiet gewesen, denn es habe sich dort auch eine natürliche Wasserader befunden.

Ein charmanter Rutengänger aus Frankreich brachte seinen Kommentar zum Testergebnis superb auf den Nenner: »Um nicht an Wünschelruten zu glauben, muß man schon Wissenschaftler sein.«

Natürlich bleiben auch nach diesem objektiven Test Fragen offen.

Die Rutengänger hatten vor dem eigentlichen Test Gelegenheit, das Gelände auf Störungsquellen zu untersuchen. Zum Teil fanden sie welche, ließen sie protokollieren, aber es hinderte sie nicht daran, am Test teilzunehmen, weil sie sich offensichtlich dadurch nicht beeinträchtigt fühlten. Im nachhinein jedoch mußten die behaupteten natürlichen Störungsquellen als Ausrede herhalten.

Andererseits ist anzumerken, daß nur 21 Rutengänger, die zwar von sich selbst überzeugt, deren Qualifikation aber keinesfalls objektiv erprobt war, am Versuch teilnahmen. Waren sie wirklich die Elite der Rutengänger oder nur zufällige Teilnehmer an einer Art Preisausschreiben, die vielleicht ihre Fähigkeiten überschätzten?

Ein Drittes erscheint mir wichtig: Jeder Rutengänger braucht extrem starke Konzentration, um zu zuverlässigen Ergebnissen zu kommen. Mir sind Fälle bekannt, in denen Rutengänger nach zwei Glas Bier oder der Einnahme von Medikamenten ihre Fähigkeit verloren und auf einer ihnen altbekannten Teststrecke zu vollkommen verschiedenartigen Ergebnissen kamen.

Ich könnte mir durchaus vorstellen, daß der Aufbau von Fernsehkameras und Mikrofonen sowie die ungewohnte Anwesenheit von Wissenschaftlern und Fernsehjournalisten zu inneren Anspannungen führten, die jeder kennt, der einmal bei Fernsehsendungen mitgewirkt hat. Es bleibt die Frage, ob dieses Medienumfeld nicht zu Irritationen geführt hat.

Eines darf man, auch im Vorgriff auf die noch zu besprechenden Versuche der Universität München, aber schon jetzt sagen: Es gibt nur ganz wenige Rutengänger mit so ausgeprägter Begabung, daß sie auch den äußeren Widrigkeiten eines wissenschaftlich kontrollierten Versuchs standhält.

19. DIE CREME DER RUTENGÄNGER IN AUSTRALIEN AM START

Wieder ging es um ein Preisgeld. Diesmal betrug es sogar 40000 US-Dollar, und der Versuch fand im wasserarmen Erdteil Australien statt.

In dem Fernsehbericht glaubte ich ebenfalls den rauschebärtigen Amerikaner James Randy, von dem in Kapitel 18 die Rede ist, erkannt zu haben.

Jedenfalls wurde vermeldet, daß die Spitzenkönner der australischen Rutengängergilde – dort ein sehr gut bezahlter Beruf – am Start sei.

Der Testausrichter ließ zehn Plastikröhren in gleichem Abstand unter der Erde verlegen. Nur eine Röhre würde Wasser führen, und die galt es herauszufinden.

Das Preisgeld von 40000 US-Dollar winkte demjenigen, der in 80 Prozent der Durchgänge die richtige Röhre bezeichnen konnte.

Vorab gab es einen Probeversuch. Die Röhre 9 wurde mit Wasser beschickt, dies den Rutengängern mitgeteilt, und dann durften sie ihren Probedurchgang machen. Alle hatten bei der ihnen bekannten Röhre 9 einen Ausschlag.

Als Tester waren neutrale Personen, meist Pfarrer, verpflichtet worden, die auch die Ergebnisse protokollierten.

Insgesamt sollten 50 Versuche durchgeführt werden. Man erwartete bei der vorgegebenen Trefferquote von 80 Prozent vierzigmal die zutreffende Bezeichnung der wasserdurchflossenen Röhre.

Die Auswertung: Nur elfmal gelang es, den Wasserdurchfluß zu orten. Eine so geringe Trefferzahl, daß man sie auch durch Erraten hätte schaffen können.

Dennoch: Nach wie vor waren alle am Versuch beteiligten Rutengänger von ihren Fähigkeiten überzeugt. Der Fernsehmoderator Joachim Bublath sprach von einem »Glaubenskrieg mit halbwissenschaftlichen Waffen«.

20. 10000 EXPERIMENTE – DAS GROSSE MÜNCHENER FORSCHUNGSPROGRAMM

An dem von der Bundesregierung mit 400000 DM geförderten Großversuch beteiligten sich 14 Wissenschaftler aus neun verschiedenen Instituten, deren Namen sich wie ein »Who ist Who« der Physik, Pharmazie, Medizin und Biologie lasen.

Als Probanden waren Hunderte von Rutengängern eingeschaltet, die in Doppelblindversuchen getestet wurden.

Herausgefunden werden sollte, ob Wünschelruten auf künstliche Reize, nämlich künstlich hergerichtete Wasserleitungen einerseits, und auf natürliche Reize, nämlich sogenannte Reizzonen im Gelände, reagieren. Auch die Reaktion auf künstlich erzeugte pulsförmige Magnetfelder sollte getestet werden.

Schon im Vorfeld hatten die Wissenschaftler rund 500 Personen in 10000 Einzelexperimenten überprüft.

20.1 Experimentierfeld »Laufgang«

Bevor es zum ersten Experiment mit dem sogenannten Laufgang kam, hatten die Versuchsleiter aus Hunderten von Rutengängern schon eine gewisse Vorauswahl getroffen und nur solche zu den Hauptversuchen zugelassen, die in den Vortests ein »Mindestmaß an Erfolg« aufweisen konnten.

Inwieweit diese Auswahl repräsentativ ist, muß offen bleiben, weil nicht alle fähigen aktiven Rutengänger sich bei dem Großversuch zur Verfügung gestellt hatten, was man mit Öffentlichkeitsscheu, Ansehensverlust bei negativem Ausgang oder ganz einfach Nichtwissen über die umfangreiche Versuchsreihe erklären kann.

Der Laufgang, in dem die Rutengänger ihre Fähigkeiten

demonstrieren sollten, bestand aus einem 10 Meter langen und 1,50 Meter breiten Gang aus Holz. Er war auf vier Rädern angebracht, die den Transport zu den verschiedenen örtlichen Gegebenheiten erlaubten.

Damit die Rutengänger sich nicht visuell informieren konnten, waren sowohl die Seitenflächen des Laufgangs mit dickem Segeltuch umhüllt als auch das Dach durch eine wasserdichte Plane abgedeckt.

Es wurde den Rutengängern anheimgegeben, eine Stelle selbst auszusuchen, die sie wegen einer Reizempfindung für die Versuche als geeignet hielten. Diese Stelle sollte dann auch für die nachfolgenden Rutengänger Verwendung finden.

Das Forschungsteam achtete sowohl darauf, daß der Gang gleichmäßig beleuchtet war, und auch, daß sich keine Geräuschquellen in der Nähe befanden, die den Rutengängern eine Lokalisierung des jeweiligen Standorts erlaubt hätten.

Die jeweilige Position des Ganges wurde nämlich durch einen Zufallsgenerator bestimmt und die durch eine undurchsichtige Brille »blind« gemachten Rutengänger erst auf Umwegen mit einem Kleinbus oder Laborwagen oder auch zu Fuß zu dem Lauffeld hingebracht, in dem sie Störzonen feststellen sollten.

Damit noch nicht mal mit den Füßen eventuelle Unebenheiten im Boden des Laufganges feststellbar waren, wurden dessen einzelne 60 Zentimeter breite Einheiten stoßweise verbunden und schießlich die Oberfläche durch einen Teppich abgedeckt.

Es konnte also festgehalten werden, daß die Rutengänger weder visuell noch akustisch noch durch räumliche Orientierungshilfen im Vorteil waren.

Die während des Gehens der Rutengänger von diesen bemerkten Reaktionsstellen wurden auf einem Meterband, das neben dem Laufgang ausgelegt war, markiert und protokolliert.

Es scheint jedoch, daß die Versuche mit dem Laufgang

zu keinen befriedigenden Ergebnissen führten, insbesondere weil sich die Rutengänger über den Hitzestau unter den Zeltplanen und die mangelhafte Belüftung beklagten. Auch das leichte Schwingen und Schaukeln des Laufbandwagens machte ihnen zu schaffen.

So wandte man sich dem nächsten Experimentierfeld zu.

20.2 Mit dem »Laufbrett« auf der Suche nach natürlichen Reizen

An die Stelle des auf allen Seiten umschlossenen Laufganges trat nun ein Laufbrett. Natürlich mußte man dabei den Rutengängern die Augen verbinden und sie auch mit Gehörschutz von akustischen Reizen abschirmen, hätte man ihnen doch sonst möglicherweise Hilfsmittel an die Hand gegeben, eine vorher gemutete Reizzone wiederzufinden.

Das Laufbrett bestand aus mehreren 2,7 Meter langen Brettern, die 60 Zentimeter breit und so verzapft waren, daß die einzelnen Übergänge nicht mit den Fußsohlen ertastet werden konnten.

Jeweils vier oder fünf solcher Einheiten von 60 Zentimetern wurden an den betreffenden Stellen aneinandergelegt und zur Sicherheit auch noch mit einem Teppichläufer abgedeckt.

Den Rutengängern setzte man eine undurchsichtig gemachte Ski- oder Motorradbrille auf und nahm zur Sicherheit auch noch ein undurchsichtiges Tuch hinzu, weil man inzwischen von Fernsehsendungen her weiß, daß undurchsichtige Brillen manchmal an den Rändern doch noch Ausblicke gestatten.

Die Rutengänger waren also auch hier visuell und akustisch desinformiert und wurden zudem noch räumlich desorientiert, indem man sie mit Laborwagen oder auf Irrwegen erst an das jeweilige Laufbrett heranbrachte und an einer vorher festgelegten Stelle betreten ließ.

Den Weg über das Laufbrett jedoch legten sie nicht an der Hand von Wissenschaftlern, sonder selbständig von ihrer jeweils nicht bekannten Startposition zurück. Das Laufbrett war nach innen leicht durchgebogen, was ein Abgleiten seitwärts verhinderte.

Hatte ein Rutengänger während der Versuche eine Reaktion, wurde diese anhand eines neben dem Laufbrett ausgelegten Maßbands, beginnend mit der Fußmitte des Probanden, sogleich protokolliert.

Nicht alle Rutengänger, die sich zu den Tests gemeldet hatte, wurden übrigens zu den Laufbandversuchen zugelassen. Die Wissenschaftler hatten auch hier schon eine gewisse Vorauswahl getroffen und nur solche Probanden einbezogen, deren Ergebnisse in den Vorversuchen positiv auffällig waren.

Es gab 18 Experimentierorte mit dem Laufbrett, im wesentlichen in der Nähe von München, aber auch unweit von Stuttgart und Nürnberg. Man wählte insgesamt 50 Teststrecken.

20.3 Die Versuchsscheune nordöstlich von München

Es handelte sich um eine aus Holz bestehende Scheune mit zwei Stockwerken.

Im Erdgeschoß befand sich das Wasserkreislaufsystem mit Rohren aus Kupfer, Glas, Kunststoff, Gummi und ferner ein offenes Kiesgerinne.

Eine Umwälzpumpe sorgte für den Umlauf von 40 Litern Wasser pro Minute.

Das Experimentierfeld der Rutengänger befand sich im Obergeschoß. Dort war auch ein geschlossener Rechnerraum untergebracht.

Wie schon bei Versuchen im Vorfeld, bestimmte ein Zufallsgenerator, welches Rohr von Wasser durchflossen sein sollte. Dieses mußten die Rutengänger, die das Obergeschoß abschritten, herausfinden.

Es handelte sich wiederum um einen Blindversuch, weil weder die Wissenschaftler im Rechnerraum des Obergeschosses noch die im gleichen Geschoß befindlichen Rutengänger wußten, welche »Rohrbeschickung« der Zufallsgenerator im Erdgeschoß gerade ausgewählt hatte.

Besonders herausragende Ergebnisse hatte in allen Versuchen der Proband mit der Nummer 99 erzielt.

Es war der Wasserbau-Ingenieur der Deutschen Gesellschaft für Technische Zusammenarbeit (GTZ), über den ich schon berichtet habe. Als Projektleiter in Sri Lanka konnte er auf Rutengängererfolge verweisen, die kaum mit technischen Hilfsmitteln zu erzielen sind. Über 600 Brunnenbohrungen mit einer durchschnittlichen Tiefe von 35 Metern wurden in kristallinem Gestein niedergebracht, und dies bei einer Trefferquote von 95 %

20.4 Die Realität der Rutenreaktion ist bewiesen

Was ist als Ergebnis des bisher wohl größten Versuches über Wünschelruten festzuhalten?

Ich habe mir mehrfach die Sendung »abenteuer forschung« im ZDF angesehen, in der die Münchner Versuche ziemlich heruntergemacht wurden.

Auch die phänomenale Trefferquote von 95 % des GTZ-Mitarbeiters in Sri Lanka fand nach meiner Meinung eher nebensächliche, fast abwertende Würdigung. Dies hatte mich schon beim Anhören des Fernsehkommentars doch ziemlich irritiert.

Nicht überrascht bin ich deshalb, daß die beiden Verfasser des Wünschelrutenreports[19b] heftige Kritik an der TV-Reportage übten. Es ist die Rede von »Fehl- und Falschinformationen zum größten Teil gegen besseres Wissen einem Millionen-Publikum dargeboten«.

Der Moderator ist nach Ansicht der Versuchsleiter seiner im Pressegesetz verankerten Pflicht zur wahrheitsgetreuen Berichterstattung nicht nachgekommen, sondern hat seiner »offensichtlich persönlichen Voreingenommenheit freien Lauf gelassen und sachliche Informationen, welche ihm von mehreren Projektmitgliedern mündlich und schriftlich gegeben ... entweder ignoriert oder klar verfälscht«.

Zur Desavouierung der Projektbeteiligten seien Taschenspielertricks, Datenmanipulationen und falsche Zeitungsmeldungen eingesetzt worden.

Man habe dem Intendanten des ZDF anwaltlich eine Richtigstellung in 22 Punkten zugeleitet.

Soviel zu den Randgefechten zwischen Wissenschaftlern und einem Wissenschaftsredakteur.

Was aber bleibt definitiv von den Münchener Versuchen?

Nach Ansicht der Projektleiter übertreibe die Mehrzahl der Rutengänger maßlos und verfüge nicht über die behaupteten Fähigkeiten, wie die Tests gezeigt hätten.

Es gäbe jedoch »einige wenige Personen«, bei denen Reaktionen »mit guter, zum Teil sogar mit sehr guter Reproduzierbarkeit« vorlägen. Die Fähigkeiten dieser Rutengänger unterschieden sich sogar »hochsignifikant« von der Zufallserwartung.

Es gebe einen realen Kern der Rutenreaktion »mit an Sicherheit grenzender Wahrscheinlichkeit«.

21. DIE SACHE MIT DEN ERDSTRAHLEN, WIE ICH SIE MIR VORSTELLE – EINE ZUSAMMENFASSUNG

21.1 Der Begriff »Erdstrahlen«

Bitte keinen Streit über das Wort »Erdstrahlen«. Wir können uns auch auf *»Reizzonen«, »Störzonen«* oder *»Mikrowellenstrahlung«* verständigen.

21.2 Die Entstehung der Erdstrahlen

Jedenfalls senden *radioaktive Bestandteile* der Erdkruste *(Radionuklide) Alpha-, Beta- und Gammastrahlen* sowie *Neutronenstrahlen* aus.

Die drei erstgenannten Strahlen werden meist vom Gestein verschluckt, die *Neutronenstrahlen* aber dringen bis zur Erdoberfläche vor.

Unterirdische Wasserströme reiben sich am Gestein. Hierdurch bauen sie *elektrische und magnetische Felder* auf, die die *Neutronenstrahlung* teilweise zu einer *Mikrowellenstrahlung* verändern. Das sind die *»Erdstrahlen«*.

Sie treten als *»veränderte Neutronenstrahlung«* nur dort auf, wo *unterirdische Wasserströme* (oder Verwerfungen) verlaufen. Das sind die *»Reizzonen«*.

21.3 Der Nachweis der Erdstrahlen

Erdstrahlen lassen sich durch *Wünschelrute* und *Pendel* von hierfür begabten *(sensitiven)* Menschen nachweisen. Die *Lecher-Antenne* ist eine Fortentwicklung der Wünschelrute. Sie wird mit der *»Grifflängentechnik«* gehandhabt. Fehlmutungen sind möglich. Die Tagesform und gesundheitliche Disposition des Rutengängers spielt eine Rolle.

Auch mit technischen Geräten können Erdstrahlen aufgespürt werden. So mit einem Ohmmeter, weil sich über Reizzonen der elektrische Widerstand der menschlichen Haut erhöht.

21.4 Die Auswirkung der Erdstahlen

Menschen können über links polarisierten Kreuzungen von Wasseradern *krank* (insbesondere krebskrank) werden, wenn sie längere Zeit einem intensiven Strahleneinfluß ausgesetzt sind.

Dies wird von manchen Schulwissenschaftlern bejaht, meist aber bestritten.

Weil die Diskussion über gesundheitsschädliche Erdstrahlen weitverbreitet geführt wurde, vergab das Bundesgesundheitsministerium einen *Forschungsauftrag,* nachdem die »Erdstrahlen« zu einer *Bundestagsdrucksache* geführt hatten.

Bei den *Tieren, Bäumen, Sträuchern* und *Pflanzen* gibt es *Strahlenflüchter* (Hunde, Rinder, Buchen) und *Strahlensucher* (Ameisen, Bienen).

21.5 Die Sanierung von Schlafplätzen

Hat ein Rutengänger eine Erdstrahlenkreuzung unter einem Schlafplatz festgestellt, so rücken Sie am besten die Betten in eine reizfreie Zone. Schon Professor Sauerbruch empfahl seinen an Krebs operieren Patienten, die Schlafstätte zu wechseln.

Es kann empfehlenswert sein, mehrere Rutengänger einzusetzen, um herauszufinden, ob deren Ergebnisse übereinstimmen.

Reizzonen können auch mit technischen Geräten aufgespürt werden.

Gegenüber den vielen angebotenen »Entstörgeräten«

(Feldveränderern) ist Zurückhaltung geboten. Die Geräte sind größtenteils wirkungslos und überteuert. Die Sanierung eines Schlafplatzes erfordet große Sachkenntnis. Ein guter »Entstörungstechniker« sollte Fähigkeiten und Kenntnisse sowohl des Rutengängers als auch des Hochfrequenztechnikers in sich vereinen. Optimale Berater können Ärzte und Heilpraktiker sein, die sich außer mit der Naturheilkunde auch mit der Radiästhesie beschäftigt und entsprechende Schulungskurse besucht haben.

21.6 Geheimnisvolles Umfeld der Erdstrahlen

Es gibt geheimnisvolle, noch weitgehend unerforschte Phänomene, wie das Globalnetzgitter, das Curry-Netz und das dritte und vierte Netzgitter. Sie umgeben den ganzen Erdball, haben unterschiedliche »Maschengrößen« und stehen wahrscheinlich nicht mit unterirdischen Wasseradern oder Bodenverwerfungen in Zusammenhang. Ihr Ursprung wird zum Teil in der elektromagnetischen Strahlung, dem sogenannten Sonnenwind, vermutet.

Die Altäre uralter christlicher Kirchen, aber auch schon vorchristliche Kultstätten sind manchmal von den alten Baumeistern auf Plätzen mit einer besonderen Bodenstrahlung errichtet worden. Diese sogenannten Orte der Kraft befinden sich zum Teil auf Wasseradernkreuzungen als auch auf Doppelkreuzungen des Diagonalnetzes und des Globalgitternetzes. Unsere Vorfahren nahmen an, und neuere Forschungen scheinen zu bestätigen, daß von den Orten der Kraft eine positive Wirkung (seelisch-dynamische Anregung) ausgehen sollte.

Alte Grabstätten sind manchmal so gewählt, daß durch die besondere geomantische Situation die Leichen ohne Einbalsamierung mumifizieren. Es wird vermutet, daß durch die besondere Form der ägyptischen Grabpyramiden eine Konzentration der Erdstrahlung im oberen Drittel der Pyramide eintritt und zusätzlich zur Einbalsamierung der Bestatteten zur Mumifizierung beiträgt.

21.7 Fähigkeit von Rutengängern ist real

Viele moderne Menschen unserer Zeit halten es nicht mit den geheimnisvollen Phänomenen, die die Vorfahren beschäftigten. Für sie zählen nur Fakten. Solche zu beschaffen war Aufgabe der Sektion Physik der Universität München.

Ausgelöst durch die Bundestagsdrucksachen 10/2266 und 10/36675 vergab das Bundesgesundheitsministerium einen Forschungsauftrag über Erdstrahlen an die Professoren H. L. König und H. D. Betz. Bei der zweiten Auflage dieses Buches lagen erst noch nicht aussagekräftige Pilotstudien vor. Die eigentlichen Experimente waren noch nicht in Angriff genommen.

Nach Abschluß des Forschungsauftrags kann jetzt gesagt werden, daß die Ergebnisse – je nach Standort – unterschiedlich interpretiert werden.

Die beiden Professoren jedoch sagen im Klappentext ihrer Dokumentation[19b], daß nach den »streng wissenschaftlichen Experimenten mit Rutengängern deren bisher umstrittene Fähigkeit mit sehr hoher Wahrscheinlichkeit real ist«.

QUELLENVERZEICHNIS

(Die fortlaufenden Zahlen entsprechen den hochgestellten Zahlen im Text)

1 Georg Kirchner, *Pendel und Wünschelrute,* Knaur, München (Lizenzausgabe), S. 290

2 Mayer/Dr. Winkelbaur: *Biostrahlen,* Verlag ORAC, Wien 1985

3 Joseph Wüst, *Physikalische und chemische Untersuchungen mit einem Rutengänger als Indikator,* Sonderdruck 1979 des Forschungskreises für Geobiologie (Selbstverlag)

4 *Associated Press,* 8. 10. 1975

5 Vgl. 2, S. 31

6 2. Buch *Moses,* Kapitel 17

7 *Stern,* Nr. 26/1985, 20. 6. 1985

8 *Rhein Zeitung,* 1. 8. 1985

8a *Zeitschrift für Radiästhesie,* Nr. 11/1983, Herold-Verlag, München, S. 56

9 Paul Schweitzer, *Neue Erkenntnisse zum Verständnis der Geopathie,* S. 9, Karl F. Haug-Verlag, Heidelberg 1984, S. 9

10 Vgl. 9

11 Georg Otto, *Erdstrahlen – Feinde unserer Gesundheit,* bioverlag gesundleben, Hopferau, 1983

12 Bernd Ramm und Bernd Lochner, *Strahlung in Umwelt, Medizin und Technik,* Verlag Ullstein, Berlin 1983, S. 202 (»Kleine Nuklidkarte«)

12a Ernst Hartmann (Hrsg.), »Wetter – Boden – Mensch«, in: Schriftenreihe des gemeinnützigen *Forschungskreises für Geobiologie e. V.,* München, Heft 17/1985, S. 1283 ff.

13 »Patientenfang durch Bau- und Geobiologen«, in: *Deutsches Ärzteblatt,* Heft 37, 12. 9. 1984 (Sonderdruck)

14 *Hör Zu,* Dezember 1982 (Serie über Erdstrahlen)

15 Gustav Freiherr von Pohl, *Erdstrahlen als Krankheits- und Krebserreger,* Fortschritt für alle-Verlag, Feucht 1978

15a Dieter Aschoff, *45 Jahre nach der Rutenbegehung in Vilsbiburg durch Freiherrn von Pohl,* Paffrath Verlag, Remscheid 1978

16 Käthe Bachler, *Erfahrungen einer Rutengängerin,* Veritas-Verlag, Linz–Wien–Passau, 5. Auflage 1981

16a Vgl. K. E. Lotz, *Strahlenphysikalisches, strahlenchemische und strahlenbiologische Aspekte am und im Haus,* Paffrath-Verlag, Remscheid (Vortrag)
17 Ernst Hartmann, *Die Krankheit als Standortproblem,* Karl F. Haug-Verlag, Heidelberg, 5. Aufl. 1986
18 Manfred Könlechner, *Man stirbt nicht im August,* Droemer-Knaur Verlag, München 1976
19 Vgl. 11, S. 59
19a Vgl. auch Bundestagsdrucksache 10/619, S. 17 auf Anfrage des CDU-MdB Krey
19b König/Betz: Der Wünschelruten-Report, Eigenverlag 1989
20 Vgl. 16, S. 44
21 Vgl. 2, S. 178
22 Vgl. 12, S. 119
23 Vgl. 12, S. 107
24 *Quick,* Nr. 29, 11. 7. 1984, S. 75
25 Professor M. Barnothy, *Biological effects of magnetics fields, . . .*
26 Vgl. 11, S. 218
27 Vgl. 9, S. 37
27a *Frankfurter Allgemeine Zeitung,* 7. 5. 1986
28 Nr. II/1985, S. 63
29 Bundesdrucksache 10/3675, 24. 7. 1985, S. 2
30 Vgl. 12a, Heft 15/1984, S. 1130
31 Vgl. 28
32 Christian Werbick, *Elektromagnetische und andere physikalische Zustände an sog. Reaktionszonen,* Diplomarbeit 1978
33 *Die Welt,* 21. 9. 1985
34 Manfred Curry, *Der Schlüssel zum Leben,* Schweizer Druck- und Verlagshaus Zürich, 1969
35 Manfred Curry, *Curry-Netz,* Herold-Verlag, München, 6. Aufl. 1986
36 Vgl. 12, S. 124
37 Joachim Martin, *Radioaktivität und Strahlung im Alltag*
38 *Frankfurter Allgemeine Zeitung,* 2. 11. 1985
39 ARD-Fernsehsendung »Magazin der Woche«, 8. 1. 1984
40 Bundestagsdrucksache 10/2880, Fragen 8, 10, 12a und 12d
41 *Rhein Zeitung,* 1. 8. 1985
42 *aktions Report,* Nr. 22/85, S. 12

43 *TV-Rheinland,* Verlautbarung vom Januar 1986; Tel. 0221/8393-2011
44 Vgl. 12a
45 Eilien Garrett, *Awarneness,* New York 1968
46 Ostrander/Schröder, *PSI. Die Geheimformel für die wissenschaftliche Urforschung und praktische Nutzung übersinnlicher Kräfte des Geistes* ... Scherz Verlag, Bern–München–Wien, 8. Auflage 1973
47 Walter Kilner, *The Human Aura,* New York 1965
48 Werner Keller, *Was gestern noch als Wunder galt,* Knaur, München, 3. Auflage 1977
49 Vgl. 9, S. 14
50 Tom Graves, *Radiästhesie – Pendel und Wünschelrute,* Bauer Verlag, Freiburg 1976
51 Vgl. 1, S. 143
52 Johann Wolfgang v. Goethe, *Wahlverwandtschaften,* Teil II, Kap. 11
53 Karl Spiesberger, *Der erfolgreiche Pendelpraktiker,* Bauer Verlag, Freiburg, 11. Auflage 1982, S. 53
54 *Westerwälder Zeitung,* 9. 5. 1985
55 Irmgard Rüdenauer, *Die Bedeutung der Radiästhesie für die Pflanzen,* Diplomarbeit im Fach Ökochemie, Selbstverlag der Autorin, 1981
56 Vgl. 55, S. 58
57 Vgl. 8a, Heft Nr. 1/1986, S. 29
58 Vgl. 8a, Heft Nr. 1/1985, S. 1
58a Vgl. 8a, Heft Nr. 1/1986, S. 14
59 *Frankfurter Allgemeine Zeitung,* 4. 4. 1984: »Mikrowellen – eine Gefährdung der Umwelt?«
60 Vgl. 55, S. 60
61 Ernst Klose: »Das chemische Geheimnis der Milchsäure«; Sonderdruck aus *neuform-Echo* Nr. 4/April 1969
62 Giesecke: »D-Milchsäure belastet den Organismus«, in: *Ärztliche Praxis,* 5. 8. 1978, Nr. 62, S. 1776/1777
63 O. Kandler: »Die biologische Bedeutung der beiden chemischen Formen der Milchsäure« (Aufsatz)
64 P. G. Seeger: »Die biologische Bedeutung der Rechtsmilchsäure«, in: Beilage *Daita,* Zeitschrift Erfahrungsheilkunde – Sonderdruck, 1972
65 O. Kandler: »Die Verwertbarkeit der beiden verschiedenen

Isomeren der Milchsäure im Organismus«, in: *Daita,* Zeitschrift Erfahrungsheilkunde, April 1966 – Sonderdruck
66 *Botanisches Institut der Universität München;* Gutachten Professor Dr. Rau vom 12. 5. 1978
67 Professor K. E. Lotz, *Standorteinflüsse auf den Lebensprozeß der Organismen,* Filmvortrag 1976
68 Professor K. E. Lotz, *Der gesunde Bauplatz,* Gastvorlesung am 2. 11. 1978 Universität Eindhoven, Niederlande
69 Vgl. 37
70 Vgl. 12, S. 115
71 Vgl. 16a
72 *Wohne im eigenen Heim,* Heft 4/1985, S. 18
73 *Bild am Sonntag,* 20. 3. 1983, S. 64
74 Dipl.-Ing. Robert Endrös – Professor K. E. Lotz, *Ungeklärte, schwerste Autounfälle durch Frontalzusammenstoß,* Paffrath-Verlag, Remscheid (Vortrag Böblingen, 28. 9. 1979)
75 Vgl. 2
76 Vgl. 9
77 Vgl. 46
78 Vgl. 46
79 Vgl. 15
80 Vgl. 9
81 Vgl. 2

LITERATURVERZEICHNIS
– für alle, die noch mehr über Erdstrahlen oder ähnliches lesen wollen

Für den Fall, daß Sie sich noch vertiefend mit Radiästhesie, aber auch mit Pendelkunde beschäftigen wollen, habe ich nachfolgend eine Liste mit weiteren einschlägigen Büchern zusammengestellt. Möglicherweise sind sie zum Teil nicht mehr lieferbar. Stellen Sie deshalb zunächst in Ihrer Buchhandlung fest, welches Buch noch im aktuellen Programm aufgeführt ist. Ansonsten würde der Weg zu den nachgenannten Büchern über die Büchereien oder Bibliotheken führen.

Aschoff, Dieter, *Der elektromagnetische Bluttest,* Paffrath-Druck, Remscheid

Bazill, P. Hartmann, *Radiästhesie, Pendelwissenschaft und Medizin,* Buchkunstverlag der Abtei Seckau

Bachler, Käthe, *Der gute Platz,* Veritas-Verlag, Linz-Passau [2]1984

Bird, Christopher, *Die Wünschelrute,* Heinz-Moos-Verlag, München

Brodeur, P., *Mikrowellen, die verheimlichte Gefahr,* Odo-Pfriemer-Verlag, München 1980

Curry, Manfred, *Curry-Netz* (Ozon-Klimakammer-Test, Reaktionstyp, Reaktionslinien-System), Herold-Verlag, München [5]1985

Curry, Manfred, *Der Schlüssel zum Leben,* Schweizer Verlagshaus, Zürich 1969

Diehl, J. C., und Tromp, S. W., *Probleme der geographischen und geologischen Häufigkeitsverteilung der Krebssterblichkeit,* Karl F. Haug-Verlag, Heidelberg

Dietrich, F., *Erdstrahlen?* Verlag Stadler, Villach

Dietrich, F., *Gyromantie,* Verlag Stadler, Villach

Dirmhirn, I., *Das Strahlungsfeld im Lebensraum,* Akad. Verlags-Ges. Frankfurt/Main

Endrös, Robert, *Die Strahlung der Erde und ihre Wirkung auf das Leben,* Paffrath-Verlag, Remscheid

Falk, W., »Zur Verminderung biologisch störender elektromagnetischer Felder in Wohnhäusern«, in: *Gesundes Bauen – gesundes Wohnen,* AGBW-Selbstverlag, Bielefeld

Fachschaft deutscher Rutengänger, *Tatsachen und Dokumente zum Streit um die Wünschelrute,* Herold-Verlag, München 1960

Flachenegger, Adolf, *Mit Wünschelrute und Pendel,* Stadt Gottes, Verlag St. Gabriel, Mödling

Feine, Ulrich, und Karl zum Winkel, *Nuklearmedizinische szintigraphische Diagnostik,* Thieme-Verlag, Stuttgart ^{2}1980

Felder, Dr. Alois, *Der Mensch zwischen Kosmos und Chaos,* Veritas-Verlag, Linz

Fischer, Susanne, *Medizin der Erde,* Hugendubel Verlag ^{3}1985, München

Forschungskreis für Geobiologie, *Gesundes Bauen – gesundes Wohnen,* Herold-Verlag, München ^{2}1974

Frauzem, Maria, *Radiästhesie,* R. Eisenschmidt Verlagsbuchhandlung, Wiesbaden-Biebrich 1953

Frommhold, W., Gajewski, H., und Schoen, H. D., *Physikalische und technische Grundlagen der Radiologie,* Thieme Verlag, Stuttgart ^{4}1979

Graves, Tom, *Radiästhesie, Pendel und Wünschelrute.* Theorie und praktishe Anwendung, Bauer-Verlag, Freiburg ^{3}1984

Hartmann, Ernst, Vorstoß in biologisches Neuland, Karl F. Haug-Verlag, Heidelberg

Hartmann, Ernst, »Das Georhythmogramm – ein Meßverfahren zur biophysikalischen Objektivierung irritierender Reize aus Boden und Milieu«, in: *Gesundes Bauen – gesundes Wohnen,* AGBW-Selbstverlag, Bielefeld

Hoch, P. Ernst, *Strahlenfühligkeit* (Anleitung zur Arbeit mit Rute und Pendel), Veritas-Verlag, Linz-Passau ^{2}1983

Hondorff, Alexander, *Der Pendel enthüllt das Verborgene,* I. Karrenbauerverlag, München.

Huber, H., »Grundlagenforschung am Energiekörper des Menschen«, in: *Kosmopathie, Imago-Mundi,* Resch-Verlag, Innsbruck

Jaeger, G., und Hübner, W., *Dosimetrie und Strahlenschutz,* Thieme-Verlag, Stuttgart

Jakob, G., *Das medizinische Pendelbuch,* Zluhan, Bietigheim ^{2}1984

König, Herbert, *Unsichtbare Umwelt. Der Mensch im Spielfeld*

elektromagnetischer Kräfte, Heinz-Moos-Verlag, München [5]1985
König/Betz, Erdstrahlen? Der Wünschelrutenreport, Eigenverlag 1989
Koeppe, P., »Sind Strahlen denn immer eine Belastung?« in: *Medical Tribune,* Heft 38, November 1982
Kopp, J., *Gesundheitsschädliche und bautenschädliche Einflüsse von Bodenreizen,* Schweizer Verlagshaus A. G., Zürich
Kreitz, Hanjo, Krankheitsursachen – Dokumentation u. Anregung, Herold-Verlag, München 1982
Kuhl, J., *Schach dem Krebs,* Humata-Verlag, Bern [18]1984
Kumpe, W., *Machen unsere Häuser uns krank?* Paffrath-Druck, Remscheid
Laskowski, W., *Biologische Strahlenschäden und ihre Reparatur,* de Gruyter 1981
Lengyl, L., *Das geheime Wissen der Kelten,* Bauer-Verlag, Freiburg i. Br. [3]1985
Mannlicher, Arnold, *Zur Lösung des Krebsproblems,* Welsermühl, Wels
Mayer/Winklbaur, *Biostrahlen,* Orac Pietsch, Ostfildern [3]1986
Mermet A. u. Tressel, P., *Der Pendel als wissenschaftliches Instrument, die praktische Pendelforschung,* Verlag Siegrist und Müller, Heimberg, Schweiz
Mermet, Abbé, *Der Pendler als wissenschaftliches Instrument,* Alsatia-Verlag, Colmar
Merz, Blanche, *Orte der Kraft,* Chardonne (Eigenverlag) 1985
Mettler, Matthias, *Das Globalnetzgitter,* Herold-Verlag, München 1981
Mlaker, Rudolf, *Geistiges Pendeln,* Schirkowski, Berlin [3]1974
Pennick, Nigel, *Die alte Wissenschaft der Geomantie,* Kultstätten, Dianus Tricont, München 1982
Pohl, Gustav Freih. von, *Erdstrahlen als Krankheitserreger,* Fortschritt für Alle-Verlag, Feucht bei Nürnberg 1932 u. 1978
Popp, Fritz A. und Strauß, V. E., *So könnte Krebs entstehen,* Fischer-Verlag Frankfurt/Main
Prokop, Otto u. Wolf Wimmer, *Wünschelrute, Erdstrahlen, Radiästhesie,* Enke-Verlag, Stuttgart [3]1985
Purner, I., *Radiästhetische Untersuchungen an Kirchen und Kultstätten, Grenzgebiete der Wissenschaft,* Verlag Resch, Innsbruck

Rajewski, Boris, *Strahlendosis und Strahlenwirkung,* Thieme-Verlag Stuttgart

Rausch, Ludwig, *Strahlenrisiko,* Piper-Verlag 1984

Schmid, Peter, *Biologische Architektur,* Verlag Rudolf Müller, Köln ^{2}1983

Schneider, R., *Radiästhesie – Geomantie – Naturwissenschaft, zum Phänomen des Wünschelruteneffekts,* Resch-Verlag, Innsbruck

Schulze, R., *Strahlenklima der Erde,* Steinkopff-Verlag, Darmstadt

Schumann, Hans, *Erfolgreiche Krebsbehandlung,* bioverlag gesundleben, Hopferau

Schweitzer, Paul, »Radiästhetische Untersuchungen zum Problem Geopathie und chronische Krankheiten«, in *Kosmopathie, Imago-Mundi,* Band 8, Resch-Verlag, Innsbruck

Skinner, Stephen, *Chinesische Geomantie,* Dianus Trikont, München 1983

Spiesberger, Karl, *Der erfolgreiche Pendelpraktiker,* Bauer-Verlag

Thetter, Rudolf, *Magnetismus, das Urheilmittel,* Verlag Gerlich und Wiedling, Wien I.

Toth, Max u. Greg Nielsen, *Pyramid Power – Kosmische Energie der Pyramiden,* Goldmann Verlag, München 1984

Wagner, Walter, *Reizende Erde: Elektromagnetische Felder in unserer Umwelt und ihre Wirkung auf den Menschen,* Werner Pieper, Löhrbach

Walther, Johannes, *Das Rätsel der Wünschelrute,* Herold-Verlag, München 1936

Wendte, H. H., *Die Erdstrahlengefahr,* Verlag für kriminalistische Fachliteratur, Hamburg

Werkmappe I, *Einführung in die Radiästhesie,* SIR, Binningen (Schweiz) 1980

Werkmappe II, *Grobstoffliche Radiästhesie,* SIR, Binningen (Schweiz) 1980

Werkmappe III, *Feinstoffliche Radiästhsie,* SIR, Binningen (Schweiz) 1980

Werkmappe IV, *Diagrammradiästhesie,* SIR, Binningen (Schweiz) 1980

Werkmappe V A, (Spezialisten) *Mineralische/chem./Metallische Radiästhesie,* SIR, Binningen (Schweiz) 1980

Werkmappe V B, (Spezialisten) *Geologische und medizinische Radiästhesie,* Herold-Verlag, SIR, Binningen (Schweiz) 1980

Werkmappe VI A, *Atmosphärische Radiästhesie*

Werkmappe VI B, *Psychisch-mentale Radiästhesie,* Herold-Verlag, SIR, Binningen (Schweiz) 1980

Werkmappe VII, *Teleradiästhesie,* Herold-Verlag, SIR, Binningen (Schweiz) 1980

Wetzel, Claus Michael, *Radiästhesie Rute und Pendel* heute. Mit Rutenfibel und Pendeleinführung, Herold-Verlag, München 1978, ^{3}1982

Wüst, Joseph, *Physikalische und chemische Untersuchungen mit einem Rutengänger als Indikator,* Sonderheft des Forschungskreises für Geobiologie e. V., im Selbstverlag, Eberbach/Nekkar 1979

Bitte beachten Sie
die folgenden Seiten

Ullstein
SACHBUCH
WILLI H. GRÜN
DAS ANDERE
BÖRSEN
LEXIKON
222 BEGRIFFE UP TO DATE
ORIGINALAUSGABE
GESAMTAUFLAGE
1 MILLION
WILLI H. GRÜN

WILLI H. GRÜN
Aschenbraten
ROMAN
ULLSTEIN

WILLI H. GRÜN
Der Clan der Steuer-Haie
ULLSTEIN

WILLI H. GRÜN
Mehr Geld verdienen mit Aktien
Börsenchancen für jedermann
19. AUFLAGE
völlig überarbeitet und aktualisiert
Ullstein

WILLI H. GRÜN
Erben — aber richtig
Erbschaftsteuer sparen
Abschreibungsprofite erzielen
Anlagestrategien entwickeln
Ullstein